高阶商业文案

互联网时代的文案写作教程

张静/著

中华工商联合出版社

图书在版编目(CIP)数据

高阶商业文案：互联网时代的文案写作教程/张静著. -- 北京：中华工商联合出版社，2024.8. -- ISBN 978-7-5158-4062-8

Ⅰ.F712.1

中国国家版本馆 CIP 数据核字第 202467L6P7 号

高阶商业文案：互联网时代的文案写作教程

作　　者：	张　静
出 品 人：	刘　刚
策划编辑：	李　瑛
责任编辑：	李　瑛
装帧设计：	北京青云腾科技有限公司
责任审读：	付德华
责任印制：	陈德松
出版发行：	中华工商联合出版社有限责任公司
印　　刷：	三河市宏盛印务有限公司
版　　次：	2024 年 10 月第 1 版
印　　次：	2024 年 10 月第 1 次印刷
开　　本：	710mm×1020mm　1/16
字　　数：	200 千字
印　　张：	14.5
书　　号：	ISBN 978-7-5158-4062-8
定　　价：	58.00 元

服务热线：010－58301130－0（前台）
销售热线：010－58302977（网店部）
　　　　　010－58302166（门店部）
　　　　　010－58302837（馆配部、新媒体部）
　　　　　010－58302813（团购部）
地址邮编：北京市西城区西环广场 A 座
　　　　　19－20 层，100044
http://www.chgslcbs.cn
投稿热线：010－58302907（总编室）
投稿邮箱：1621239583@qq.com

工商联版图书
版权所有　侵权必究

凡本社图书出现印装质量问题，请与印务部联系。
联系电话：010－58302915

前言

在传统媒体时代，消费者只能被动接受产品广告。在这种状态下，消费者是非常抵触广告的。但在当今的媒体时代，各种各样的广告都充满了娱乐性，如微博、微信、户外广告、论坛帖子等，到处都是广告。本书第一章就会告诉读者，怎样的广告文案才称得上是一个好文案。

在这个以"博眼球"抢占高地的时代，标题几乎是一个故事。因此，如果我们想要成功地将消费者带到故事中，标题就显得尤为重要。就像我们遇到陌生人时，通常会在三秒钟内将对方的大体形象印在脑中，然后就可以形成彼此的"第一印象"，并迅速决定是否需要与陌生人进行深入了解。第二章会向读者揭示标题作为我们与产品会面的"第一印象"，应该怎么写。

文案是关于产品和服务的，它通过客观事实和具体描述来增进消费者对产品的理解，从而使人们有理由地信服。因此，在书写文案时，内容最为关键。无论我们采用什么样的主题或风格，都应该掌握产品的主要信息，并对其进行简洁而清晰的描述。我们在本书第三章总结了一些文案内容的写作方法，以激发读者的兴趣。

工欲善其事，必先利其器。文案的"器"就是写作中的技巧和规则。虽然每个人的写作风格都不同，但一些常见的写作技巧适用于每个人。只要掌握了这些技巧，并将相关的元素和链接运用到文案中，就会形成一套完整的逻辑思维和写作体系。第四章展示给作者的是文案写作的常见技巧。

我们都希望消费者说，"这真的是一个好产品"，而不是"这真的是一个好广告"。文案最终只有一个目的，那就是销售——让别人购买你的产品。一切不以买卖为目的，自我感觉良好的"文艺作品"都毫无价值。高品质的文案就像一台高效的收割机，它不仅能迅速、完美地"收获"消费者的购买欲望，而且能成功地"收获"企业的利润增长点。第五章主要阐述文案写作过程中该如何紧紧围绕营销这一主题。

公众号文案、网店文案、微商朋友圈文案、APP文案，不同的平台，文案具体的写法有什么区别？第六章阐述了几大常见平台的差异化，分析不同消费者的爱好和习惯，这样写出来的文案才会更受欢迎。

本书的每一章都集中在一个具体的问题上，从标题、内容、技巧、营销、平台等不同角度出发，使文本的知识结构更加系统、有序。本书适合互联网营销人员、广告公司文案创作人员、销售人员、客户经理等群体阅读，鉴于作者水平和写作时间所限，书中难免存在纰漏之处，还望读者批评指正。

目 录

第一章 好文案——不是广告胜似广告！
价值百万的文案是怎么写的？ 3
好文案卖的是情怀还是广告？ 8
没有逻辑思维的文案不是好广告！ 13
好文案靠99%的努力和1%的灵感 18
左手文案，右手策划 31
抓住需求，用文字打动消费者 35

第二章 抓人眼球的标题是成功的前提
标题制造悬念，剩下的交给"好奇心" 43
增加文案的真实性与可信度 49
场景化，让你的文案自带画面 54
标题太短？却字字都是精华 60
掌握好标题与情感的连接 67

第三章 文案的价值体现在哪？——内容！
洞察消费者心理，产生共鸣 73
让消费者听你娓娓道来的故事 78
字谁都会写，但创意可不是谁都有 83
阳春白雪可能让人敬而远之 86
模仿，站在巨人的肩膀上 93

丰富的知识储备是你的后盾 101

第四章　如何从初出茅庐到炉火纯青

在热点中突出卖点 109
前戏要做足，痛点才找得准 113
动多少脑子都不如动人心 120
营销与策略环环相扣 125
好文案就是"纸上推销员" 129
找准卖点，在同行中脱颖而出 134
深入了解产品才能写出好文案 141

第五章　说到底，营销才是王道

用文案告诉他，我的东西凭什么卖得贵？ 149
怎么让普通人肯花钱买些"更好的" 155
"好货"也"便宜" 160
抓准消费者心理，消费者一定"买买买" 164
文案要拣好听的说 170
不动声色做营销 174
巧用评价文案 180
用真正的消费者思维去思考 183

第六章　看平台下菜碟，随机应变才能出"爆文"

微信公众号得懂这些，否则10亿消费者与你何干？ 191
网店文案，高转化率才是关键 205
用朋友圈把朋友"圈"进来 213
怎样在众多APP中脱颖而出？ 222

第一章 好文案——不是广告胜似广告!

价值百万的文案是怎么写的？

网络上有过一篇爆文：《月薪3000元与月薪30000元的文案的区别》。该文提出了"互联网味"文案的诸多理论，不可否认，这些都是极其有意义的。但文中却忘记了一个要点：月薪3000元与30000元的文案人真正的差距在于：你能不能为结果负责！

这世上所有的权利和责任都是对等的，薪酬越高，责任越大。文字写得天花乱坠，如果写完就甩手，不能保证产生转化率，不能赚到钱，那自然价值不大。而月薪30000元的文案，不管公司如何定岗，实际上他已经是个能独当一面的操盘手了。

"小赵，这个营销案例不错，去做一个类似的文案！"

"小赵，去写一段有文采的企业介绍！"

前几年做文案的时候，领导经常是这样跟我交流的。而当初笔试的时候，凭借一篇洋洋洒洒的800字文章，工科毕业的我，居然击败了几十个中文系、新闻系科班出身的才子，进入企划部。我也一度引以为傲。

但我渐渐发现不是那么回事了。老板和同事向别人介绍我的时候，总是说"就是那个文笔好的"。如果现在我写完文案，别人夸一句"文采真好"，我一定想骂他，我认为这是对文案的侮辱！

奥格威老先生有句名言：We sell, or else.（我们销售，否则我们什么都不是。）时隔半个世纪，这句话依然是真理。

美国营销泰斗盖瑞·亥尔波特曾用仅350字的销售信，创立了一家拥有700万客户和1.78亿美元销售额的巨型公司；也曾通过一份整版报纸广告，让一家化妆品公司的销售额从每年10万美元飙升到每年2700万美元！

好的文案是一根杠杆，可以撬动整个公司的业绩！可惜很多老板或者是初入行的文案人并没有意识到这一点。在很多企业，文案大多数时候都被定位成一个基础型执行类职位，老板给你开3000元工资，你只要把他的意思表达清楚了，再加点文采，如运用几个谐音、押韵，便算合格了。至于效果嘛，那是另一回事了。

老李已经35岁，还是个普通文案人，拿着3000元月薪。说实话，老李很符合"70后"那一代文青，写出来的东西磅礴大气，对仗整齐，很有高度，并且时不时用点《三国演义》《水浒传》里的典故，领导刚开始很喜欢他。但半年后，领导就有意见了，因为每次花大价钱投放各种渠道的广告，曝光度绝对可以，转化率却低得吓人。如今想来，那些大气的广告，越看越是企业单方面的夸大其词、自吹自擂，没有对位核心消费者，那么这些广告无论从理性还是感性的角度，都没有一点可取之处。

商业目的一直都是企划部存在的意义。如果脱离了这个目的，文案、平面设计的岗位就都没必要设置了。没有哪个老板愿意每年花几万元养着一个不能创造效益的"作家协会"。

所以干得越久，就越觉得文案这行真是"学无止境"。一个合格的文案人，必须是个"全能手"，一个通晓多门学科的"杂家"。

1. 文案必修课：文学

这个自是不必多说。同样是写故事，有人写得妙趣横生，让人看一眼就起了兴致，忍不住读到最后；有人却写得干巴巴，没有悬念，没有情节，没有曲折。同样是描述一个产品，有人就能写得让人身临其境，仿佛已经能触摸到产品；有的文案却像产品说明书，乏善可陈，让人看了第一句便再无往下读的欲望。

懂文学不是简单的引经据典，不是谐音对仗，不是"为赋新词强说愁"，而是言之有物，并能让人看得津津有味，欲罢不能。文案，就是品牌与消费者之间灵魂的衔接者。

用过即弃的爱情，用过即弃的弹簧床，用过即弃的寒暄，用过即弃的保暖袋，用过即弃的关爱，用过即弃的雷诺原子笔，用过即弃的现代人，以喜新厌旧的速度，每天购买新物，同时大量抛弃物质。

期待这一场诚品跳蚤市场，

让你我在旧货堆中找到经典，

在旧鞋里发现脚的生命。

就像台湾地区文案大师李欣频的这段文字，其实只是一个跳蚤市场二手闲置用品转让文案，却能写得如此妙趣横生，其文学功底可见一斑。

2. 文案必修课：逻辑学

逻辑学是哲学的一个分支，是写作文案的基础，偏偏很多广告人容易忽略这一点，这在文学青年身上尤为突出。

文案需要逻辑吗？必须要！因为文案的本质是与消费者的沟通，无论是描述、抒情，都不是无由头的，要做到每一句都合理，并且整体有条理。

即使是李欣频这样充满诗意的文案，都不能脱离这一点。"用过即弃的爱情，用过即弃的弹簧床，用过即弃的寒暄，用过即弃的保暖袋，用过即弃的关爱，用过即弃的雷诺原子笔"，得出的结论就是"用过即弃的现代人，以喜新厌旧的速度，每天购买新物，同时大量抛弃物质"。看似堆砌，却无半句废话，进而引出后面的商业目的——"诚品跳蚤市场"，两者紧密相关。这就是逻辑！

3. 文案必修课：市场营销学

这个毫无疑问。当今的互联网时代，广告的作用已经不仅是广而告之。在买家市场，消费者有了更多的选择，因此相对于以往，文案策略就相对复杂一点。

你需要扫描营销环境，分析消费者市场、企业市场。你需要搞清楚消费升级、网红经济背后的营销哲学。你需要准确地对品牌进行定位，以便塑造合适的品牌形象。你需要分析竞品，在同质化的产品中提炼出独特的亮点，让消费者可以准确甄别产品差异性。你需要吸引消费者注意到你的文案，并从中了解到你所传递的信息。你需要向消费者传递除了产品信息之外的其他信息。你需要懂得大众传播原理，让你的文案像"病毒"一样传播，达到事半功倍的宣传效果。

更难的是，营销思维并不只是做到"知晓"层面就可以，好的文案都是将营销变成一种本能。无论任何时间、任何地点，每次提笔，首先想到的是怎样有助于营销，其次才是怎样组织语言等细节。

4. 文案必修课：心理学

为什么即便是中奖之类的小概率事件，还有很多人愿意花钱尝试？为什么同样一场晚会，自己花钱买门票的人会比免费得到门票的人更积极参加？为什么限量款的产品更让人疯狂？为什么同一款产品，网红公众号比天猫店铺销售量高几倍？消费者究竟是怎么想的？

一些新手刚入行做文案的时候，总是把自己想说的话一口气宣泄出来，那样做的结果就是，消费者不屑看，因为"与我何干"？想做好文案，绝不是像写日记那样记录心情，抒发情绪，不是按照自己的思维随心所欲，而是每做一步，都应该想象消费者看到这些文案会有什么想法，会做何反应。

在任何领域，懂人性的人，总是更容易成功。一切的营销都离不开洞察。不懂人性洞察的人干不好销售，也做不好文案。

君不见，各类网红盛行，就是因为他们满足了很多人的内心需求。互联网时代典型的特征就是我们将更加偏重于产品的情感营销。感性卖情绪，理性卖利益。很明显，如果拥有相同的产品质量，有情感有格调的文案更容易让消费者买单。所以，作为文案人，你必须学会洞察消费者，并能够深入发掘出他们内心的需求。

5. 文案必修课：成为内行

很多营销人都反映：现在的消费者越来越精明，越来越不好说服了。这是时代的进步，却是营销人的悲哀。消费者比你都内行，他凭什么相信你的广告说辞？

事实上，广告人大多数时候接到的业务，都有可能是从未接触过的领域。接到任何一个行业的订单,都得在短时间内迅速熟悉这个行业,了解行业规则和玩法。即使同样是网络营销,不同的行业还是保持了一些特有的玩法,你需要不断学习,至少得比你要面对的消费者更加"在行"。

文案更是如此,你想推出一个品牌或一款产品,把自己快速修炼成某一领域的专家,说得句句在理,要比卖萌耍宝靠谱得多。

卖衣服,你得懂面料,懂设计,懂工艺,懂穿搭;卖化妆品,你得懂材料,懂化妆,懂名牌;卖保健品、医疗器械、商务软件,那你更得恶补相关的行业知识了。至少做出的广告,不能让内行人一看便是笑话。

6. 文案进阶课:有效沟通

别以为以上几点就足够了,除此之外,能做好文案的人,情商必定不会很低,简单来说,就是会照顾别人的感受。同样一个意思,用什么样的方式表达出来很关键,不能引起消费者反感,最好让消费者瞬间对你产生好感,这非常重要。

这里举一个甲壳虫文案的例子。甲壳虫的特点是小,与人们固有印象中豪车都是宽敞的认知相悖,威廉·伯恩巴克没有去抨击社会普遍观念,而是客观地去描绘小有"小"的好处:

很多驾驶我们"廉价小汽车"的人已经认识到它的许多优点并非笑话,如1加仑汽油可跑32英里,可以节省一半汽油;用不着防冻装置;一副轮胎可跑4万英里……尤其当你停车时却找不到大的泊位或为很多保险费、修理费以及想为换不到一辆称心的车而烦恼时,请考虑一下小甲壳虫车吧。

透过文字,我们就可以想象,威廉·伯恩巴克绝对是一位优秀的沟通者。当你无论是文字功底还是其他知识和技能熟练程度都达到80分以上时,怎样运用高情商更好地与消费者愉悦沟通就非常关键了。

好文案卖的是情怀还是广告？

要钓鱼的话，就要知道鱼儿想吃什么。卡耐基的名著《人性的弱点》中也有一句充满智慧的忠告：唤醒他人心中的渴望，能做到的人掌握世界，不能做到的人将孤独一生。那么，想推销产品，就要对消费者形成适度的刺激。这有两种方式：第一，正向刺激——拥有了我的产品，你的人生将变得更美好；第二，反向刺激——不用我的产品，你的人生将变得很糟糕。

而文案要做的最重要的事情，就是制造这种刺激，也就是消费者唤起。唤起恐惧，唤起冲动，唤起欲望……利用这个思维，我们还可以做出更大的延展：卖健康，卖自由，卖希望……虽然奔着成交的目标，但商业的本质还是为了让世界变得更美好。消费者花钱有两个目的，一个是解除痛苦，另一个是追求幸福。

国外有权威专家通过研究证明，花钱可以获得幸福感，还写了一本书叫《花钱带来的幸福感》。

每个人都是有梦想的。小的时候，梦想就是有一天能够考上大学。等真的上了大学，梦想有一天能追到心仪的女生。毕业以后在异乡奋斗，梦想有一天能在这座繁华的城市拥有自己的小屋。有房有车后，又梦想开一家自己的公司，带着一帮人实现他们的梦想。

看看，人性总是不满足的，所以人的梦想是不会间断的，一个梦想实现了，下一个梦想就会随之而来。实现梦想的过程中，就产生了消费。

要考大学，可能会报个课外辅导班；要追女生，可能会买玫瑰，准备烛光晚餐，布置求爱仪式；想在都市扎根，就要买房子，买家具，还要装修……

每一个梦想的实现，都需要消费做支撑。看，营销人的机会来了。

你有一种神圣的使命：让你的产品能给消费者带来梦想成真的幸福感。正如马云所说的："梦想总是要有的，万一实现了呢？"从这个意义来讲，好的文案人都是好的造梦人。

消费者买汽车，不仅买出行方便，也是买自尊心。女性买化妆品，不仅买好皮肤，也是买自信、回头率。我们做文案，就是在消费者的现状与梦想之间搭建一座桥梁，这座桥上就是你的产品。

万科地产就非常懂得漂泊的年轻人的渴望和梦想——他们在城市买房，不只是为了找个住的地方，而更是想要结束漂泊，在陌生的城市找到归属感，找到温暖。

最温馨的灯光一定在你回家的路上。

如果人居的现代化只能换来淡漠和冰冷，

那么它将一文不值。

我们深信家的本质是内心的归宿，

而真诚的关怀和亲近则是最好的人际原则。

多年来，

我们努力营造充满人情味的服务气质和社区氛围，

赢得有口皆碑的赞誉，

正如你之所见。

卸下你心里的围墙，你会发现生活的原味。

不管竞争和戒备在哪里蔓延，

你也无须把自己关闭。

我们深知和谐的人际环境将改变你的生活，

唤醒你深藏内心的美好向往。

多年来我们精心构筑和谐互动的人际交往平台，

潜移默化地塑造了一个个情感浓郁、氛围亲和的社区，

正如你之所见。

同理，为什么那么多人报网上的付费学习培训课？因为他们有成就一番事业的梦想；为什么人们愿意花更多的钱去买品牌产品？因为他们有追求高品质生活的梦想，甚至改变命运的梦想。运用这个原理，我们可以抓住各行各业消费者的深层需求，然后写出唤起消费者渴望的文案。

很多公众号文章，明显是"鸡汤"，为什么却依旧控制不住自己点开它的手？因为内心的焦虑和不安。某房地产文案："不要让今天的全款，变成明天的首付。"人是特别怕失去的。这些消费者痛点，大多出于对未来不确定性的不安。

类似这样的情怀营销早几十年就提出了，也被运用于很多行业，成就了很多成功案例。在有些问题上，人是"风险厌恶型"的，我们就可以利用这一点做营销。举个例子，你想说服别人平时要广交朋友，助人为乐，当你说"多个朋友多条路""赠人玫瑰，手有余香"的时候，人们可能不会在意，当成耳旁风听听就过了，而如果你说"当你出事的时候，有多少人会站在你背后"，就可能会引起别人的注意。

那么，所有的情怀都能促成消费者行动吗？什么样的情怀营销才能让事情向着我们预想中的方向发展？

1. 具体明了，不能过于抽象

很多营销人反映：消费者已经麻木了。你告诉他垃圾食品有致癌作用，他充耳不闻，照吃不误，丝毫不理会你推荐的绿色健康食品。为什么呢？因为那些论调过于抽象，消费者心里没有一个明确的概念，所以就不以为意了。

事实上，对于一个爱吃炸鸡的女孩，你说吃垃圾食品致癌，还不如朋友圈晒的"反手摸肚脐健身照"对她更有冲击力。对于一个失去斗志的"宅男"，你说实现个人理想之类的话，还不如他朋友晒的"兼职收入"更刺激。焦虑营销的目的就在于给你一种落后于人的落差感，催促着你赶紧行动，有一天，让你也加入你想追赶的人群。

2. 让人产生共鸣

"凌晨四点的北京""你的同龄人正在抛弃你""每天端着保温杯

的中年危机"都在网络中引发了热议，这样的话题为什么能引起大家的共鸣呢？就是因为大多数人心中充斥着不安和焦虑，包括买房焦虑、加班焦虑、交通焦虑、婚姻焦虑。

某知名报刊曾分析过，所谓"焦虑"，其实是一种生活失去控制的感觉。人到中年收入在不断增加，生活也在蒸蒸日上。不过，这一切的前提都是生活的常态没有被打破。一旦遇到突发事件，财富或者人际关系都不一定能解决问题。

我们所见的传播广泛的情怀营销案例，正是击中了人们心中绷得最紧的弦。值得注意的是，无论你提出哪种论调，都必须适可而止、具有可信度，否则就是造谣惑众。网络上各种养生谣言泛滥，虽然吓人不轻，但实则缺乏依据，经不起推敲，纯属无稽之谈。如果你想凭借文案卖货，有一条还是要牢记：要尊重事实，以激励为导向，避免产生潜移默化的"负面"影响。

3. 焦虑是可以解决或减轻的

接着上文所讲，消费者已经被你吓得心生惶恐了。要在这个时刻刹车，然后让希望出现。告诉他，现在觉醒还不晚，你的那些威胁也不是很难解决。如果及时止损，你害怕的危险状况就不会出现了。

"你害怕被同龄人抛在后面，就必须马上努力；你害怕中年危机、大腹便便，就从现在开始健身；你害怕跟不上时代，就马上报个班充电。"

4. 你的产品和服务是满足情怀的最佳途径

首先看一个例子："再不爱护环境，地球就要毁灭了。"

如果这是一个无氟冰箱的文案，你看了之后会做何感想？一个无氟冰箱就可以拯救地球？无氟冰箱也不是拯救地球的最佳途径。这类广告方案属于坑太大，填不上。类似的还有京东金融的"你不必"文案。

你不必有什么户口，也不必要求别人要有什么户口。

你不必买大房子，不必在月薪一万的时候就贷款三百万。

你不必去知名的大公司追求梦想，你想逃离的种种，在那里同样会有。

你不必背负那么多，你不必成功。

这则广告懂情怀，也懂人性。巨大的压力之下，有人告诉你，其实你不必，看起来真的大快人心啊，然而，广告对接的是京东金融旗下的"京东小金库"。一个金融理财产品，能足以让你不必背负这些了吗？显然还不够！看完广告之后自己还是得按着原来的生活继续走下去。所以，这样的广告依然犯了坑太大、填不满的毛病。

而至于怎样可以获得职业提升的宝贵经验，你想推出的付费课程刚刚好能把自己挖的坑填上，不大不小，然后你只需要告诉消费者，你的课程比你的竞争对手的课程好在哪里就可以了：是讲师更知名，还是课程更实战？当然你必须做出精品，质量经得起消费者的检验。

没有逻辑思维的文案不是好广告！

2018年，自媒体已经被推上了一个新高度，几乎人人都是自媒体，处处都是10W+的刷屏文章，不少人对媒体传播的属性和特征都可以信手拈来、侃侃而谈。但到底有多少文案是有效的呢？到底有多少文案可以转化为营销卖点呢？到底有多少文案可以成为经典，长久留在消费者内心呢？在各类五花八门的文案层出不穷的情况下，很多文案慢慢丧失了基本素养——逻辑。逻辑是文案具有说服力的保证，有效的逻辑才能支撑你的卖点。

一、消费者对产品的认知度决定销售逻辑

每一个优秀文案的背后必定有相应的销售逻辑，它帮助文案直面市场的检验，决定了文案在市场的存在能力和传播能力。

文案撰写人要懂得销售话术，将文案变得更有战斗力，同时也要清楚，检验文案的最终人群是消费者，不同的消费者对产品的认知度不同，那么支撑产品的逻辑就不同。

1. 针对新产品

如果品牌是初创的，产品是新出的，在市场上还默默无闻，那么文案就要赋予消费者一个了解新产品、认同新产品的动机。我们举一个例子，西瓜视频的广告文案：

看了又看，再看，一直看。

看了这句话，大部分人会想：让人如此上瘾的视频到底是什么样子的？这个文案背后的销售逻辑就是引发消费者的好奇心和从众心理。在新产品推广时，文案一定要给消费者一个了解产品、接触产品的理由，否则不管文案写得如何天花乱坠，也不能让消费者为产品停留。

2. 针对一般产品

如果消费者对你的产品已经有了一定了解，这时文案撰写人就要突出产品的特点功效，强化其在消费者心中的印象。举个例子，现在有一种酱，它的口感特点是"鲜、香、嫩、弹"，为了强化消费者对产品的印象，我们不妨寻找一些参照物来形象化表达这个卖点。比如"弹"解释为"Q弹"，那我们就可以用"Q"这个字母来表示弹的形象，从而让人想象出酱吃在嘴里的感觉。此外，我们还可以用数字、场景等方式来描写卖点，让消费者对产品有更具象、更深刻的认知。

3. 针对品牌产品

因为大众对品牌产品都有了普遍的认知，所以这类产品的文案通常不会带品牌名，而会采用一些比较有文采的句子。因为人家已经足够有名、足够优秀，产品的卖点早就普及给大众了。比如全新宝马5系的文案：

梦想之路，大美之悦。

为了保持品牌形象和长久的影响力，成熟品牌的文案会更多地表现出一种情怀，宣扬一种能量，传达一种理念。但是，这种方式的文案在品牌还未做到人人皆知时要慎用，因为容易让消费者云里雾里，不明白产品到底有什么优势。

二、商业软文的有效逻辑

可以这么说，总统的演讲稿是世界上最好的软文，其背后都有专业的撰稿团队，如奥巴马的撰稿团队竟多达35人。他们的撰稿流程对于文案写作人来说是不可多得的学习资料。

首先，他们会分析演讲稿的听众，将听众进行分类，并把每一类别的听众最想听什么话题、最想解决什么问题一一列举出来，标明解决方法。其次，他们会根据演讲关联度、演讲时间等因素，对这些要点进行排序和取舍，分出轻重缓急，划出核心问题和非核心问题。再次，他们会针对已经确定好的话题分工拟写，提炼一些金句以供后期宣传。最后，他们会根据总统本人的语气、语速以及说话风格、形体等特点，对演讲稿进行精修。

其实，商业软文也可以按照以上四个步骤进行逻辑梳理。如果感觉总统的演讲稿离我们太遥远，还可以采用费比法则来训练自己的逻辑能力。

客户对事物有自己的判断，所以别总想着去颠覆别人的认知。静下心来，把你要讲的事变得有逻辑，消费者才会相信。让文案变得有逻辑，可以通过具体化、数据化、合理化等手段，塑造真诚的形象。

1. 打比方，做类比

描述抽象、生涩或不被大众熟知的东西，想少费口舌，我们常常喜欢用类似且更通俗、常见的事物来打比方，让深奥的事情浅显化，让抽象的事物具体化，让含蓄的东西形象化。例如小米手机：提亮肤色，自拍照像刚敷过面膜般水嫩，像化妆一样精细美颜。AI美颜就是你的专属化妆师。

2. 利用数字与数据

比如，描述一款很棒的新款手机需要大量参数。什么型号的处理器？多大内存？多少像素？电池容量有多少？……这些数据就比"高端""黑科技"这样的词更具有可信度。

空调：每晚低至1度电。

手机：充电5分钟，通话2小时。

3. 可验证

我说我长得像芭比娃娃，没几个人相信，但如果我拿出照片，可能你就信了，这就是所谓的"有图有真相"。

一张可验证的图片或证书，胜过千言万语。所以人们要挤破脑袋去考各种证，比如医师证、律师证、会计证，可谓是有证走遍天下，无证寸步难行。文案也是这样，给你的文字配上证书、图片，可信度瞬间提升。

4. 借第三方背书

淘宝为什么会出现那么多明星同款？品牌为什么会找明星代言？在

大众的认知中,明星用的产品不会差,第三方机构是中立的,比较可信。所以很多产品的文案都会亮出第三方背书。

如果实在没有这些背书怎么办?还可以让"大多数人"做信任背书。比如我们网购的时候实在不知道该选哪家,就会点击"按销量排序",选购买人数最多的,肯定不会错。再比如我们出去吃饭,不知道进哪家店,看到有一家店门前排起了长队,我们就会认为"这家店的东西一定差不了"。香飘飘奶茶深谙这一点,所以有了那句流传很广的广告语:"一年卖出3亿多杯,杯子连起来可绕地球一圈。"

此外,还可以用"个例背书",比如"他原本学习比你差,自从运用新的学习方法后,居然考进了年级前三",再如"连隔壁王大妈这么挑剔的人都说这家店不错"。这种反差也容易让人相信。我们常见的广告中的对比照,就是运用了这种方法。

5. 合理化解释

举一个很简单的例子,我想请假。第一次,我说:"老板,我有急事,想请假一天。"这时候,老板犹豫,怀疑。第二次,我解释了理由:"我昨晚吃坏肚子了,可以请一天假吗?"这种情况下老板一般都会同意。解释清楚一个现象,大家才会更相信你。

对于新产品,怎么跟消费者解释你的好?现在的消费者越来越理性了,知其然,还要知其所以然。所以不妨告诉他,原来是这样办到的。正如OPPO R11的广告语,摒弃了之前"这一刻更清晰",改成了有理有据的"前后2000万,拍照更清晰"就合理多了。

6. 把文案放到人性里去

人只相信自己愿意相信的东西。把消费者当成闺蜜,不讲术语,把枯燥的说法、理性的分析,转换为博其欢心的话。

你值得拥有。——欧莱雅

你本来就很美。——自然堂

曾经就有人告诉我,因为喜欢自然堂这句广告语,好几年一直用自然堂。还有曾经在朋友圈很火的一篇文章:"去年的衣服,怎能配得上今年的你?"

　　作为文案人,我们只需要告诉消费者:你很漂亮,就是缺一支口红,要是再配上一串耀眼的项链,一款时尚的包包,哇,女明星也没有你漂亮哦!

好文案靠 99% 的努力和 1% 的灵感

懂得很多道理，仍然过不好这一生。同样，读了那么多文案技巧，也不一定能写好文案。最痛苦的就是，老板已经下了最后通牒："今天务必把这篇文案赶出来！急用！"虽说文案不是救火，但遇到词穷，还真是心急如焚啊。

这个时候，冥思苦想是没有用的，面前的白纸不会给你任何启发，任凭你搜肠刮肚，写出来的也是味同嚼蜡，寡淡如白水。这时不用再走弯路浪费时间了，试着跳出去，看看别人的作品，让前人已经验证过的成功，赐予你灵感吧。

很多文案大咖都表示，会在电脑桌面上建一个文件夹作为文案素材库，看到优秀的文案就搜集起来备用。所以，即使是文案大咖，也是先学习，后模仿，最后才超越的。好文案是有规律可循的，三分靠灵感，七分拼技巧。那么，就试着从以下平台搜集归纳，建立自己的灵感"小金库"吧。相信我，当你灵感枯竭的时候，这些素材一定可以派上用场。

一、从网购平台上汲取灵感

为什么首推网购平台呢？因为网购平台是能直接让人"剁手"的平台。嘴上说着不买了，身体却很诚实——文案功不可没啊。好的文案一直有一个宗旨：有情怀没情怀，能卖出货的就是好文案。这么说来，淘宝类的网店文案是最符合的了。

1. 文案老司机型

一生 1/3 旅程在床上，让我们每天睡好 8 小时。

科技凝胶海绵，静音降噪，翻身不再影响亲爱的身边人。

——静音弹簧席梦思床垫

一面型男，功能夹克，让城市出行更有型；
一面暖男，舒适羽绒，让凛冽寒冬更温暖。
　　——男款双面羽绒服

这里的每条裤子和半裙，
都至少能搭配5件上衣。
在被朗姆酒浇灌过的巧克力面前，
没有冷若冰霜的女人。
　　——某原创女装店

分析：这一类的文案，非常符合我们对优秀文案的标准。有痛点，有卖点，也有情怀，理性的描述加上感性的诉求，让不同的人都能看到诚意，属于教科书级别的成熟文案。

不妨学学他们的写法：产品参数描述＋这样的特点有什么好处＋对消费者有什么好处（＋其他更深层面的满足）。

2.文艺青年型

每天呼吸着爱你的空气，
连眼镜都是爱你的形状，
原宿系少女速成——桃心眼镜，
别说话，用心体会爱的眼神。
　　——桃心眼镜

童年总是会做关于泡泡的彩色梦，
梦里世界都是圆圆鼓鼓。
凹凸缝隙里逃出的空气，
如同小时候的俏皮影子，
把我带回那段自由无忧的时光。
　　——泡泡棉睡衣

墨染般的暗色，
犹如温和的良夜，
浅浅光泽是挥洒下的星光，
有夜的神秘，亦不失一寸柔软，
不掺杂质的黑色，商务休闲皆可使用。
——网易严选双肩包

四月在花草中行走，
抖落下清凉的露水。
九月在金桂下散步，
携带走一身的胧香。
源自维多利亚时代的马鞋设计，切尔西靴带有英伦古典的气质，
又融入了硬朗中性的帅气感，
却被披头士乐队追捧迅速走红，成为四季可穿的时髦单品。
——切尔西靴

分析：这样的文案无论放在哪里，都能俘获一批文艺青年。这样的文案像音乐，即使听不懂歌词是什么，仅仅曲调渲染的氛围就能感动你。产品品质是否出众已经不重要了，单是这份情怀，就已让人心潮澎湃。

这类文案要瞄准对象，是文化程度比较高、喜欢这种文艺调性、较年轻的人群。

模仿这类文案需要一定的文字功底，但掌握一个规律就会容易很多：把你的产品尽可能地与情感联系，包括爱情、亲情、怀旧、大自然。譬如：桃心——爱情；泡泡棉——童年的彩色泡泡；黑色——夜。

打开你的脑洞吧，看到你的产品，尽可能地联想出5种以上的事物，灵感会来的。

3. 有趣接地气型

有气质有内涵的红格子裙：

显瘦，显高，谁不想拥有这么一件
穿起来这么有气质有内涵的连衣裙！

一条有骨气的牛仔百褶裙：
全棉的优质牛仔面料，略带挺括，
手感柔软，洗水的骨位效果自然漂亮。
有气质、有骨气，用来形容裙子，一下就活了！这样的淘宝文案，道行也是不浅，值得我们学习。
一直就想要，给你们这些活力四射！敲（超）级可爱的青春美少女带来点有意思又好玩的穿搭！
于是乎，这期的新品具有灵光一闪而成的超级可爱减龄的套装哦！
TA绝对能萌你一脸血！
我是骰子版黑色，上衣以及短裤都分布了大小不一的骰子图案，
来，咱们，掷骰子来决定谁洗碗好了！
比谁大谁小？哼，姐一身的骰子加起来都比你的点数多了，哈哈哈！
很霸气的感觉有没有？
骰子的图案其实还很有趣啊，
就像是童心未泯的小孩子一样，
套装的设计又有青春活力四射的感觉。
啊，太美好了，
图案呢就只印在了正面的，
如果正反两面都印满了图案的话，怕会有一种累赘感哦，
眼花缭乱，密集恐惧症的朋友应该会起鸡皮疙瘩吧，
就不好玩了，也不有趣了，
所以呢背面就是清清爽爽的纯色哦！
这是淘宝某个网红店铺的文案。虽然不一定出自专业的文案人之手，但这种真的很有网红潜质。"萌你一脸血""掷骰子来决定谁洗碗好了""哈

哈哈"这些少女们爱用的特有"萌语"，感觉就像好朋友之间在嬉笑逗闹，非常讨喜。

二、从歌词中汲取灵感

最好的广告人，可能不在广告行业，很有可能是歌曲词作者。一首单曲循环的好歌，除了旋律优美外，摄动人心的歌词也颇值得玩味。很多歌词，不能不佩服作者的洞察力。那种对人性的把握，细腻情感的宣泄，比90%的文案人做得都好。看看这些总能被单曲循环的歌有什么魅力吧。

1. 画面感极强

分别总是在九月

回忆是思念的愁

深秋嫩绿的垂柳

亲吻着我额头

在那座阴雨的小城里

我从未忘记你

成都带不走的只有你

和我在成都的街头走一走

直到所有的灯都熄灭了也不停留

你会挽着我的衣袖

我会把手揣进裤兜

走到玉林路的尽头

坐在小酒馆的门口

玉林路，小酒馆，这些具有一座城市缩影的地点，引起了成都人的共鸣。即使是一个从来没去过成都的人，听了之后都会心生向往。

学习：少抽象多具体，越具体越可信，让人读完你的文案，脑海里立马有一个画面，即用极端具象化的手法压垮竞争对手。

2. 一秒代入感

"你会挽着我的衣袖，我会把手揣进裤兜"，多么熟悉的动作和场景！

这都是一些生活中随处可见的小事,又用对话式的表达,让听众感觉每一句都是在写自己,代入感极强。

学习:表达特定场景下的特定情绪,文案洞察也在于此。场景简单来说,就是"时间+地点+动作","九月+成都的街头+你会挽着我的衣袖,我会把手揣进裤兜",就这样把产品和消费者的生活场景结合起来,最大限度地和消费者关联起来,感受消费者在特定场景下的感受,预测他们在看到文案之后的心理活动和行动,这样最有可能让消费者记住你,并在将来某个时刻购买你的产品。

3. 价值观输出

好多网友说,每天早晨醒来犯困,都会听汪峰的歌。

多少人走着却困在原地

多少人活着却如同死去

多少人爱着却好似分离

多少人笑着却满含泪滴

谁知道我们该去向何处

谁明白生命已变为何物

是否找个借口继续苟活

或是展翅高飞保持愤怒

这样的歌词,对于一个满腔热血又在迷茫中挣扎的年轻人而言,是多么恰当的鞭策与激励!不甘平庸,努力生活,就是汪峰歌曲的主旋律。

"生活不止眼前的苟且,还有诗和远方的田野。"2017年,高晓松终于将自己的口头禅写成了歌。

学习:好的歌词是一种思想表达,一种对人生的深度思考。生存还是毁灭?怎样活着?这些都是人类永恒的主题,每个人终其一生都在苦苦追寻答案。有人率先提出,便成为意见领袖,引发无数共鸣。好的文案又何尝不是?有思想、有态度的文案,更能深入人心。

三、从电影台词中汲取灵感

"看别人的故事，流自己的泪。"看完一部电影或电视剧，就像是看了一部压缩的人生。为什么有些台词会成为经典？就是因为说到人心坎儿里去了，意味深长。其实电影、电视剧就是披着故事外衣的广告，推销美好的爱情、珍贵的青春和可望不可即的梦想。

看电影或电视剧就像是在看一个个压缩的人生故事。为什么有些台词会成为经典？就是因为说到人心坎儿里去了，意味深长。事实上，我们也可以把影视剧看作是以故事为幌子的广告，宣扬真挚美好的爱情、去而不返的青春和遥不可及的梦想。通过对于电影台词的搜集和分析，我们可以发现经典台词都是满足以下几个特点的：

1. 矛盾体

听过很多道理，却依然过不好这一生。

——《后会无期》

你们一直抱怨这个地方，
但是你们却没有勇气走出这里。

——《飞越疯人院》

讲个笑话，你可别哭。

——《驴得水》

让全世界都知道我们的低调。

——《窃听风云3》

这类台词用一个词形容，就是"纠结"。台词本身就充满了矛盾，把人物的迷茫、焦虑、求而不得、想突破却逃不出的心理淋漓尽致地表现出来。

2. 对照体

小孩才分对错,大人只看利弊。

——《后会无期》

我一定会长大,

但我不会长成你们这样的大人。

——《小王子》

知不知道喝酒和喝水的分别?酒越喝越暖,水越喝越寒。

——《东邪西毒》

学习:纵观影视剧和电影里的优秀台词,都是在短短的一句话内,尽可能制造出冲突感。比如对比,大和小、多和少、对与错、真与假,比如意外转折,都能制造冲突感。所以说伟大的编剧都是优秀的文案创作者。

3. 辩证体

没人要看真正的你,就是要看演出来的你。

——《梦想照进现实》

我们之所以战斗,不是为了改变世界,

而是为了不让世界改变我们。

——《熔炉》

为什么你不让别人看到你善良的一面?

因为如果他们看见了,

就会期望我一直是善良的。

——《吸血鬼日记》

4. 悖论体

以结婚为目的谈恋爱，那都是功利的！

——《欢乐颂》

青春就是用来怀念的。

——《致我们终将逝去的青春》

婚礼也是葬礼也是，

为什么非得穿黑衣服啊？

因为两个都是完蛋的日子。

——《我的黑色小礼服》

  这种能对人们传统意识发起挑战，提出不同看法又哲理性十足的台词，需要一定的阅历，还要有对生活的发现和思考。微信公众号里很多知名作者都是靠这招胜出的。

  从影视剧里，我们能学到的不仅是语言的艺术，更是洞察人心的能力和讲好故事的能力。2017 年，有几个文案刷爆过朋友圈，它们的共同点是电影式讲故事，深入人心。999 感冒灵的《有人偷偷爱着你》，讲述了陌生人温暖人心的故事；方太的《油烟情书》，讲述油烟是父母爱的印记；招商银行《世界再大，大不过一盘番茄炒蛋》，讲述了海外学子请教父母番茄炒蛋做法的故事。从小处入手，却能引起观众的触动，随之将这种感动转嫁至品牌。能做到这样，就算是一个顶尖文案创作者了。

四、从综艺节目中汲取灵感

  每个品牌都在找寻属于自己的风格，综艺节目也是如此。有些节目，光看其文案就能俘获人心。尤其是如果你想写出互动性很强的 social 文案，学学这些包装得很有趣的文案吧。

1. 《我们来了》宣传文案

拥有被观赏的人生，

还是成为人生的观赏者?

看星云膨胀,时间被撕裂,

炙热,冷却,守恒。

看自己,

比别人更清楚。

千帆过尽,笑看风云。

这是《我们来了》的宣传文案。"芒果台"被称为"传媒圈最有新媒体气质的电视频道"。寥寥几笔,凸显明星的人生,特殊的阅历,超俗的率性,千帆过尽,笑看风云,言之有物,更是质感十足。

最为难得的是,8位嘉宾,即使不标姓名,观众也能把嘉宾与文案自动对号入座。由此可见芒果台文案捕捉人物亮点的不凡功底。

学习第一招:准确捕捉产品卖点,塑造独一无二的核心竞争力。

自检:把产品名称换作竞争对手的产品,看看是不是还能符合。

2.《我是歌手》第四季总决赛宣传片文案

是谁同意把这个世界让给噪音?

是谁困顿着,万物寂寞如谜?

除了大张旗鼓的喧嚣,

或悄无声息的沉寂,

我们和声音有多少种关系?

节奏、音符、旋律,才是声音的初衷,

而也许只有乐音,才能让人类重拾倾听。

借我们一些生灵,

还原声音的诗意;

借我们一点时间,

勿忘初心;

借我们一首歌,

承担生命的温柔和张力。

歌唱是对人生释然的体谅，

歌唱，让爱和梦境练习飞翔。

歌唱穿梭于日常和真相，

歌唱，为音乐镀上天真的光泽。

歌唱让人成为人。

我们歌唱，逆流而上。

这个文案一出，叫好声一片，但大众对于"好"文案的评判，似乎还停留在"文采真好"的判断上，这是对文案人的亵渎。

如果细品，这个文案华丽的外表下面，也并非华而不实，它藏着作者对于音乐的理解。这短短的一段话，包含了文案的几个关键步骤。

首先是挖掘痛点：

是谁同意把这个世界让给噪音？

是谁困顿着，万物寂寞如谜？

除了大张旗鼓的喧嚣，

或悄无声息的沉寂，

我们和声音有多少种关系？

其次是产品代入：

节奏、音符、旋律，才是声音的初衷，

而也许只有音乐，才能让人类重拾倾听。

再次是撩拨欲望：

借我们一些生灵，

还原声音的诗意；

借我们一点时间，

勿忘初心；

借我们一首歌，

承担生命的温柔和张力。

然后是诱惑加强：

歌唱是对人生释然的体谅，

歌唱，让爱和梦境练习飞翔。

歌唱穿梭于日常和真相，

歌唱，为音乐镀上天真的光泽。

歌唱让人成为人。

最后是引导转化：

我们歌唱，逆流而上。

我们在前文说过，挖掘消费者需求，要多问自己几个问题：你的产品能满足消费者什么需求？除此之外，还能满足什么更深层次的需求？

在这个文案中，音乐首先是"代替了噪音，打破了沉寂，唤起了倾听"，其次是"让人生诗意，将现实与梦境连接，对人生释然，充满正能量"。

观众不会去细看广告，就意味着我们的这些深层探索全部浪费了吗？不！当文案以优美的文字描述生命和人生的时候，观众已经被感染了。

3.《奇葩说》

喝了就能愉快聊天。

——《奇葩说》雅哈咖啡广告

这句广告是《奇葩说》所有广告中我个人最喜欢的一句。

（1）定位准确。

只有几个字，就能看出雅哈咖啡定位成朋友、闺蜜闲聊时的饮品，场景化很强。

（2）易传播。

现在的年轻人喜欢说："还能不能愉快地聊天了？"这句广告就是借鉴了年轻人日常生活中的口头禅，幽默诙谐，加上马东等人在节目中多次提道：不能愉快聊天的时候，喝一杯雅哈咖啡，缓解一下气氛，咱俩好好聊。这样的段子，是不是也容易被消费者引用呢？如此一来，相当于不经意间就为雅哈咖啡做了二次宣传，听到者也会对这个品牌好感度倍增吧。

与综艺文案本身相比，芒果台文案人员在接受采访时的一席话更让我深受启发。她说："电视文案其实很难去讲什么自己的风格。不同题材类型已经决定了不同风格……任何一个电视节目，都是奔着清晰的目标人群去的……所谓的'自己'是放在最后面的。就像拍摄镜头一样，如果被观众看见，那叫穿帮。"一切从消费者角度出发，把自己放在最后面，这就是一个优秀文案人员的基本素养吧。

　　实践出真知，你坐在办公室里想再多，也不如销售员"真刀真枪"实干出来的管用！当你灵感枯竭的时候，不妨去跟销售员要素材！如果不知道问什么聊什么，就请他讲讲销售过程中遇到的印象深刻的事情吧。

第一章 好文案——不是广告胜似广告！

左手文案，右手策划

无论在哪个网站的招聘中，我们常见的职位都会有"文案策划"，国内将"文案"与"策划"分开来的公司还是少数。

有人给文案、策划下了区别定义：文案是偏感性的，策划是偏理性的。我不完全赞同。我认为这两种思维必须是一体的。策划一个活动、一个品牌，虽然有商业分析，但也离不开对消费者心理的剖析，从人性的角度出发，以情动人。而以情动人绝非几句煽情的文案就能达到的。作为文案，不是引经据典，像诗人一样抒情，就能让消费者动心。怎么设置悬念，怎样代入，怎样唤起消费者的欲望，什么时候催促购买，这都是需要用商业思维分析的。一个不懂人情的策划，和一个不懂营销逻辑的文案，都是企业的灾难。

在国内，很少有人能做纯文案的，如果你没有商业逻辑，不能为自己的文案效果负责，你连文案策划都算不上，充其量只是一个编辑，很容易就被老板当作廉价劳动力，随便找个人就能替代。

所以做文案的，除非你特别有天赋，像李欣频、许舜英那样，一出手就能写出流传甚广的经典之作，否则的话，还是兼做策划比较稳妥。策划所需的商业分析能力，是现代社会最稀缺也最宝贵的能力。

什么是商业分析能力？很多人做到企业高管都不一定具有这种能力。我见过的大多数企划部总监，都是拿着老板的钱使劲砸，常挂在口头的话就是：没有预算，哪来的效果？

而最具备这种能力的人一定是老板。每一个老板都是跳下水后奋力挣扎的人，哪怕是旱鸭子，不会游泳，为了活命都要扑腾、自救。就算只是一个杂货铺、水果摊老板，很多都比企划部总监更有商业分析能力。他要自己筹备开店、选址、选货，要分析成本、收益，要分析竞争对手，要分析目标消费者，要分析哪批货卖得好，卖不掉的怎么处理。就算是要印个传单，都要琢磨半天，文案怎么写才能让人一看就想来买，买了以后怎样让他一直买？

举个简单的例子，一个小区里本来只有一家水果店A，生意很好；某天突然在对面又开了一家水果店B，B一开业就发传单"低价特惠，买一斤送半斤"，A的生意很快就被抢走了一半，心急火燎，夜不能寐。他悄悄打听得知，B的进货渠道跟自己不一样，能够低成本拿到货，这是自己办不到的。怎么办呢？A辗转反侧，分析出该小区大多数是年轻住户，大部分人白天都忙着上班，没有时间专门去买菜。于是A冒出了一个大胆的想法，在店里挂横幅"保证每一颗水果都新鲜健康，扫码加微信可送货到家"。对于上班族来说，不用挑拣、送货到家，可比买打折水果，回家扔掉一部分划算，也省事很多。A斩获了一大批有消费能力的优质消费者，每天在微信上发发新货信息，就可网上接单；而B靠低价，收获了一些酷爱砍价的消费者。

假设A老板只是一个不懂商业分析的普通文案人，他拉的横幅也许是"买一斤送一斤""半价促销"，或者抄个"甜过初恋"之类的词句。

一个不懂商业分析的文案人，最常见的做法就是"搬运"。看到别人写的东西好，立马搬过来。搬过来未尝不可，但不加分析地搬过来对于你自己的营销无济于事。名牌的经典广告语很好，可如果你给一家自磨咖啡店写文案，你能把雀巢的"味道好极了"直接拿过来用吗？

每个经典的成功文案都有它特定的时代背景、行业属性。例如雀巢当时进入中国市场时，出租车司机据说是最有钱的一个群体，对于他们来说，"味道好极了"就比"滴滴香浓，意犹未尽"要接地气得多，也更符合目标消费者的交流语言，所以那一战，雀巢赢了麦斯威尔。因此做一个懂策划、会做商业分析的文案人，才能成为一个难以被取代的文案人。

作为一名文案人，我最讨厌的客户，不是撂下一句"要高大上"就走开的,也不是让反复修改的,而是那种接到一份文案任务,我问他"写这个文案的目的是什么",他说:"扩大品牌影响力,增加粉丝,增加转化率,卖货。"我说:"总得有个主要目的,到底是什么?"

如果你不懂营销策划,如果你不去想这次写文案的目的,我敢肯定,你写出的文案效果不会太好,也无法量化评估。

写文案的第一步,不是消费者画像,不是产品优势分析,也不是品牌核心竞争力提炼、竞争对手评估,而是明确目的。就像一辆汽车,开动前必须明确目的地,不然油加得再多也没用。

看到这儿,有些读者会问:文案的目的不就是销售吗?是,但又不全是。比如一个微信公众号文案,这篇文案的目的是增粉,那篇是促销,再一篇是诱导参与活动,也可以是维系老消费者等。最终目的都是"销售",但这个目的需要分解。

为什么需要分解呢?因为有时候,两个小目的很难同时达成。例如,你的这篇文案主要目的是增粉,你需要的是大量的新消费者,新消费者需要凭借这篇文案对你产生好感,必要的时候先让他们尝点好处,送点小赠品之类。而你为了马上促成销售,在新消费者还对你没有一点点印象的时候,上来就推出产品和服务,让其掏腰包。这些消费者是否愿意马上买单呢?很有可能会非常反感,直接将你拉黑。

这种情况下就需要分别对待。如果你卖的是牙膏牙刷之类,选择随机性大、不需要太多思考的商品,可能直奔主题就会马上唤起消费者购买。但如果你卖的是汽车,或者做高端服务业呢?没有前期的一点点铺垫,有谁愿意第一次看到你的推广就马上下单?给这类企业做文案,明确每一次的文案目的就大有必要了。

此外,文案也涉及一个美誉度与转化率的矛盾。比如淘宝"双十一"那样的促销文案,全场五折,当天的销量就创了新高,可是与奢华、高端之类的美誉度完全搭不上边,而且靠打折促销快速回款有可能还会影响品牌接下来很长时间的销售,也不能给消费者留下好印象。

如果你是公司企划的操盘手，还有必要掌控文案的节奏，什么时候文案的目的是塑造良好的品牌形象，什么时候是快速回款，都要了然于心。

不以营销为目的的文案都是"耍流氓"。每一篇好的文案都是花时间和精力完成的，也要花不少钱去推广。很多企业会花几万元甚至数十万元去推广一篇文案，如果写得不够成功，对企业造成的将是直接的损失！

因此，文案基本的职业素养就是：每一篇文案都要有个结果！给自己的文案定个目标！不能只是简单地、含糊地说一句：增大品牌知名度、美誉度。而是要切实地产生结果：促成销售，引发讨论，还是诱导参与？这个结果必须是通过数据可以看到的，是能够证明你的价值的。

如果你不能为结果负责，那就永远是基层，永远拿不到高薪。如果你是企业的一名文案人员，恭喜你，你还有机会拿老板的钱去验证自己的文案是否有效。如果你是一个创业期的中小企业老板或自由工作者，你的文案就是你的自救工具，你要做的就是最快地把钱赚回来。

公司小的时候，千万不要去想什么病毒营销，想什么"10万+"的爆文，不现实！有那些工夫，不如花时间想想怎样写一篇100字的朋友圈小文案，直接促成订单。

做老板的，任何宣传推广都是自己掏腰包，当然得先考虑怎么免费怎么来，怎么省钱怎么来，怎么回款快怎么来！很多公司恰恰就毁在这点上。

给客户做文案策划时，不要再"全面撒网"，更重要的是"重点捕鱼"，多做分析，深度解剖目标消费者。比如你卖小虎队的演唱会门票，把文案给"80后"看可能就比给"90后"看更有意义。你若是卖婴幼儿用品，你把广告发给未婚小青年能卖出去吗？当然，你要是卖鲜花、巧克力等情人用品的，让女孩发给男朋友看就最合适不过了。切记，好的文案，绝不会让推广费打水漂，而是推广投入越大，回报就越大！

抓住需求，用文字打动消费者

文案，就是利用文字和消费者进行沟通，通过文字打动消费者，让他们跟着我们的思路走，最后自觉自愿地掏钱购买产品。要想达到这一目的，文案就要紧扣消费者的诉求来写。人做任何事情都是出于一定的诉求，比如吃饭是为了填饱肚子，天冷穿厚衣服是为了御寒，购买行为也一样，一个产品只有勾起消费者的购买欲望，消费者才会为这件产品买单。

文案作为产品宣传推广中很重要的一个环节，可以用文字直观地展现产品的卖点、服务和品牌理念，传递其情感和价值观。当这些点中的某一个刚好击中消费者的痛点时，就能成功勾起他们的购买欲望。

通常消费者都有哪些方面的诉求呢？由于消费群体的多样性以及消费场景的不可控性，消费者的诉求也是五花八门，但有些核心诉求却是不变的。下面我们来说一下消费者的三大核心诉求：

一、"我看重的是功能"

这类消费者主要看重的是产品的实际价值，相对而言，对于产品的外观、设计理念、附加值等对功能影响不大的因素，他们不会太在意。

打个比方，女性购买面膜，最关心的就是面膜的补水、美白功效，而面膜的包装是否美观，对她们而言只是附加值，并不会成为其是否购买的决定性因素。所以，写这类产品的文案时，应该从产品的品质、功能、技术、安全性等方面进行阐述，突出实实在在的价值，让消费者一眼就能看出这件产品物有所值。

需要注意的是，我们在写产品卖点时，要切忌"王婆卖瓜，自卖自夸"。比如说我们的产品拥有什么什么功能、采用的是什么什么先进技术，这样的表述"口说无凭"，根本无法说服消费者。

为了更好地迎合这种追求实用性的消费者，我们可以借助调查得来的数据、使用产品的真实场景等来赢得他们的信任。

1. 使用数据，增加功能优势的真实性和可感知度

俗话说"事实胜于雄辩"，用真实的数据说话，不仅能让消费者印象深刻，还可以增强他们对产品功效真实性的信任感。遣词造句再华丽，购买理由说得再天花乱坠，没有事实作为依据，就很难让他们买账。

想要消费者购买产品，就得保证他们能被我们的文案说服，而数字具备强大的说服力。比如"充电5分钟，通话2小时""一晚低至1度电""2000万柔光双摄，照亮你的美"等运用数字的文案，不仅可以增加产品功效的可感知度，还突出了产品"充电速度快""省电""拍照神器"等亮点，直观地向消费者阐释了产品的优势和功能。

2. 营造实用场景，向消费者展示产品的优越性能

用文字描述出产品的真实使用场景，让消费者一看到文案就可以根据自己的日常生活在脑海中形成一个清晰的画面，对产品的功能形成具体的认知，从而产生购买欲。

全球著名体育运动品牌耐克有个经典的广告文案是这样写的："你决定自己穿什么"

找出你的双脚，穿上它们。跑跑看、跳一跳……用你喜欢的方式走路！你会发现，所有的空间都是你的领域，没有任何事物能阻止你独占蓝天！意外吗？你的双脚竟能改变你的世界。没错，因为走路是你的事，怎么走由你决定！当然，也由你决定自己穿什么！

将走路这件稀松平常的小事上升到改变世界的高度，很符合年轻人积极进取、渴望证明自我的心情。而运动讲究纯粹，不需要五花八门的理由，只要一种心情和一套简单的装备。这个文案通过一个小小的场景将运动品牌的张力表现得淋漓尽致，自然能让消费者产生购买的欲望。

二、"我就想便宜一点"

有些消费者的购买行为主要以产品的价格为导向，对他们而言，价

格是决定他们是否购买的第一要素。如果一个人在淘宝上购物时经常按照价格由低到高的顺序进行搜索，那么这个人就属于"我就想便宜一点"的消费群体。

这类消费者对价格比较敏感，会不惜花费大量时间和精力去对比同一产品的价格差异，然后选择最便宜的那家。相对于价格来说，他们对产品质量、功效、外观等因素不是那么在乎，反而是促销、打折、满减、包邮等信息对他们来说更有吸引力。

对于这类消费群体，文案撰写人就要想方设法用各种形式去传递产品性价比高的讯息，告诉他们现在购买会得到更多的实惠。以下三种方法供大家参考：

1. 开门见山说优惠

不要花里胡哨的铺垫和引子，既然消费者对价格比较敏感，那就让优惠信息更一目了然，在第一时间抓住他们的注意力，戳中他们的痛点。比如超市里经常会出现这样的促销文案：买一赠一。简单明了，直接告诉消费者可以享受半价的超级福利。

2. 通过对比，突出价格优势

对比价格，既可以是用产品现在的价格和过去的价格进行比较，也可以是同类产品之间价格的比较。因为提供了参照物，就更能突出产品的价格优势。

比如，某洗衣粉厂家推出新品时的广告文案如下："增量50%，加量不加价。"

某钙片推出新品时的广告为："一片顶过去五片。"

这两则广告语，虽然是在产品的量上进行的对比，却同时将产品的性价比优势体现得淋漓尽致。同样的价格，买到的产品更多，产品的功效也更好，对于追求价格实惠的消费者来说，自然有莫大的吸引力。

3. 把省下来的钱具象化

我们可以独辟蹊径，把省下来的钱用具体的事物表达出来，突出价格优势。举例说明：

"平时买一件的钱，现在能买两件。"

"买××手机可以多喝两杯星巴克，和朋友边刷抖音边喝咖啡。"

三、"要新颖、要时尚，我要做一个跟得上潮流的人"

现在很多年轻消费者属于此类人群，他们只买时下最流行的产品，从手机到相机再到鞋子，他们追求的是产品的时尚性、潮流性以及独特性，而不会对价格和性能过多考虑。为了满足这类消费人群的购买需求，文案撰写人要利用他们的猎奇、求新心理，在文案中突出造型别致、款式新颖、网红同款、时下流行等元素，迎合他们的诉求点，从而激发他们的购买欲。

1. 展现流行元素

求新人群对于时尚动态、潮流理念总是特别敏感和在意，如果我们在文案中借用这些流行元素，就可以吸引他们，并促使他们为此而掏腰包。比如百事可乐的文案："百事可乐，新一代的选择！"

它明确传达了这样的意思：如果你是追赶新鲜潮流的年轻人，就应该喝百事可乐，这是当下年轻一族中流行的饮品。当然在包装方面，百事可乐也做到了年轻化。

2. 彰显自我个性

在追随流行文化的同时，不少消费者还想保持自身的个性，以彰显自己独特的品位和独到的眼光。那么针对他们的产品文案就要迎合其追求与众不同的诉求。比如，美国苹果公司于2015年发布的新款智能手机iPhone 6S的广告文案——"唯一的不同，是处处都不同"，就很好地表现出了iPhone 6S的与众不同。与消费者的购买动机同频震动，自然能激发他们的购买欲。

当然，消费者的诉求远不止以上三种，还有追求高端的，比如喜欢买奢侈品；追求便利性的，比如想要简化购买流程；追求兴趣爱好的，比如喜欢收藏打火机；等等。这些诉求都或多或少影响着消费者的购买欲望，只要围绕产品受众的诉求来写，就能大大提高文案的转化率。

第二章　抓人眼球的标题是成功的前提

标题制造悬念，剩下的交给"好奇心"

2016年12月，一篇名为"杭州偶遇王思聪开公交车"的文案标题瞬间吸引了大家的注意，然后快速获得了无数流量点击。

看过内容才知道，原来是某网友晒出了一张杭州公交车司机的照片，该司机小哥与王思聪"神撞脸"。网友拍下照片后还特意@王思聪，戏称："体验人间疾苦去开公交车了。"

文案的标题，一般要向读者展示一个特殊的、有趣的形象小场面，然后用简洁的笔墨介绍背景或问题。如果你想让别人阅读你的文案内容，就必须激发对方足够的好奇心。因为只有一个可以引发人们好奇心的广告文案，才会吸引很多人来点击阅读。

人的潜意识对什么最敏感？那就是让人们好奇的东西！因此，在营销过程中，谁能抓住消费者的好奇心，谁就抓住了销售的精髓。文案的标题也一样，想要瞬间勾起消费者体内的"馋虫"，必须将文案标题做成"谜案"。比如下面这几个标题：

"重庆一家人自驾避暑，下高速才发现孩子没上车。"那么，然后呢？孩子怎么样了？点进去看看。

"沈阳男子花30万装修新房，装修完发现是别人家。"这真的不是在演小品？那这个装完的新家后续如何处理？很明显，读者一看到这种标题立马疑问重重，这种文章的点击率自然不会低。

"不会吧？80岁的老奶奶可以2秒击倒180厘米的壮汉！"80岁的老人对付180厘米的壮汉，还胜利了？这就和吃饭居然咬到了脚趾头一样，让人觉得不可思议。但偏偏这种事发生了，原因何在？人们点进去看了之后才发现，原来是一支生猛的防狼电击棒让老奶奶如有神助。

看完这几个例子，你一定很想知道如何才能勾起消费者的好奇心。

很简单，了解人的欲望就行。或许有人会说，那不是扯吗？人有万千，想法各异，怎么能知道别人的欲望呢！这还真不是扯，归根结底，人类几乎所有的欲望都源于两件事：生存和繁衍。

先说说生存！人们对食物、空气、水等基本生存条件都有要求，谁都希望自己能幸福从容、平和安逸地活着，能活得更舒适！所以衣食住行样样都得讲究。再来说说繁衍！换言之就是找配偶。为什么女的喜欢找"高富帅"，男的喜欢找"白富美"？不单单是为了追求物质，为了养眼，还为了确保后代有优良的基因。

读到这里，或许很多人又按捺不住了，觉得这跟写文案有什么关系？当然有关系，而且关系密切！因为有讲究、有寻觅、有选择，就会激发人的欲望，只有了解到人的深层次欲望，文案才能走入消费者内心，从而启动消费者的购买开关，让其实施购买行为。

一般来说，人类的生存欲望和繁衍欲望如下：避免劳累，享受舒适的生活；长寿，保持青春、健康、有活力；享受美食；免受疾病痛苦，远离生命危险；获得良好的社会地位，避免被社会边缘化；有满意的伴侣；保护好家人。

知道了人的这七种欲望，我们就能深入读者的内心，在读者心中种下好奇的种子。比如，要写一款榨汁机的文案。

原文案：

你家的榨汁机OUT了，还不赶快换掉！

榨一杯果汁只要30秒；

迷你轻巧，不占地方；

全新食品级PP材质，安全无毒；

榨完汁，杯子一冲就干净，很方便；

榨汁过程一点儿都不吵，很静音。

很多人看完这篇广告，并不打算换掉现在的榨汁机，因为这个文案描述的这款榨汁机的功能，许多榨汁机都具备。如果将文案换成这样，

第二章 抓人眼球的标题是成功的前提

效果就另当别论了：

用了这款榨汁机，你的人生将会出现这些变化！

这款榨汁机会让你忘了充满添加剂的超市饮料；

从明天开始，陪伴你的将是冰箱中红橙蓝绿紫的蔬菜水果；

这些来自大自然的馈赠会浓缩成一杯杯蔬果汁；

流入你的身体，滋养你的皮肤，红润你的面颊；

三个月后，你会在镜子中看到一个全新的自己；

健康、漂亮、充满阳光，让陌生人都忍不住偷看的自己！

新文案利用人们希望长寿和享受美食的欲望成功勾起了人们的好奇心，一款榨汁机能改变人生？大部分人都会被标题吸引点进去看这款榨汁机究竟有什么神奇的魔力！然后内文中的场景勾勒，再次将人们内心深层次希望长寿和享受美食的欲望勾了出来。最后再附上相关的榨汁机购买方式，会让许多人无法抗拒。

再列举几个利用人类的欲望勾起好奇心的标题：

玩转 Office，明天早点下班！

这是不是比"7 天变身 Office 达人""轻松 Hold 住办公软件"之类的标题更吸引人？因为它能让我们早下班！这个标题符合人们渴望舒适的欲望，避免劳累、享受舒适的生活。

对上班族来说，早下班是多么幸福的事儿！深藏在消费者心中的美好愿望，被这个标题挖掘出来了，所以人们瞬间对这个 Office 技巧充满好感与好奇，就算花钱学也心甘情愿。

像口红一样的充电宝，你去哪儿它就去哪儿！

大个头的充电宝因为太重，很多人不愿意带，所以号称移动电源的充电宝其实并没有起到应有的作用，而这款充电宝体积小、容量大，便于携带。这个标题让人们渴望舒适的需求得到满足，能解决生活中的问题，帮助提高生活质量，所以这种充电宝一经推出就成了爆款！

对许多自媒体文案工作者来说，为了吸粉，为了让消费者哪怕只是点击进来看一眼,都会使出浑身解数。而对商品推广文案工作者来说,文案的标题关系到产品的销售情况,消费者看到的时候,会在一两秒内做出决定,是点击进入文章继续读下去,还是直接跳过去,所以,标题应该是比内文更需要花心思研究的点。

被称为"广告怪杰"的大卫·奥格威说过:"阅读标题的人数是阅读正文人数的5倍。除非你的标题能帮助你出售自己的产品,否则你就浪费了90%的金钱。"所以,我们需要给文案设定一个好"缺口",以吸引人们的注意力并顺势阅读下去。而"好奇心"就是能打开"缺口"的有效方式。

这里涉及一个"好奇心缺口"的问题,这个说法来自美国卡内基梅隆大学行为经济学家乔治·洛温斯坦。他曾说过:"当我们觉得自己的知识出现缺口,即想知道什么事情却不知道时,好奇心也就产生了。"

既然"好奇心"是让读者点开文案的不二法门。那么,到底使用什么样的标题才能打开读者的好奇心缺口呢?

一、使用能够刺激大脑的词语

有专业人士表示,像写新闻那样写标题是一个不错的方法。比如在标题中嵌入"令人惊奇的""强烈推荐""忽然"等这类词语,能够直接刺激人类的神经,从而激发对方的兴趣。

而根据Takipi管理服务的调查显示:在标题中使用"惊人"和没有使用这个词的文章比起来,社交网络上的阅读量和转发量都有很大的增加。为什么这个词会有如此强大的效果?

根据专业广告人格雷戈里·伯恩斯的说法:"这意味着我们的大脑觉得突如其来的惊喜更有价值,这跟人们说自己喜欢什么没有太大关系。"因为我们的大脑更喜欢出人意料的内容,所以像这种具有未知意义的词汇更容易刺激我们的神经。所以,在面对这个词语的时候,即便我们对事情本身并不感兴趣,也会为了满足自己的好奇心多停留一会儿。

由此可知,如果我们的文案中有"新闻"要发布,不要藏在正文里,直接在标题里说出来。比如"Twitter 话题标签的惊人历史和 4 种充分利用标签的方式""Instagram 八大惊人最新统计最大化地发挥了图片社交网络的作用"等,都是能够引起人们"八卦"心理的文案题目。

二、巧用戏剧化的效果

通过在文字中展现正反比的形式,就是一种以戏剧化的效果引发读者好奇心的方法。比如,西泠冰箱的"今年夏天最冷的热门新闻";健力士黑啤酒的"怕黑,那不是白白地活着吗?"香港硬石餐厅的"HARD ROCK 只有一天穿衣规则,请勿遵守规则"……

像这种在标题中制造意外的方法,对读者来说,是能够吸引对方注意力的第一步。当然,我们要注意,千万不要为了让人意外而意外,如果我们的标题无法让人联想到产品,那即便标题再如何新颖,也是失败的。

三、利用人们的逆向思维

利用读者的逆向思维,就是利用对方的"逆反心理"。比如当某文案的题目中出现"千万不要往下看"这类文字的时候,请你相信,这一句话是能够引发读者心理上、思想上的小小波澜的。他会想:这么一段内容,你开头就告诉我"千万不要往下看",到底是什么内容?到底是为什么呢?

更何况,大多数人都有一种"逆反心理",就是我们越不让他往下看,他越是想往下看。像"这个千万别看,我是认真的""做一个不好相处的女人""我突然不想做一个安静的美男子"等标题,都是利用逆向思维来吸引大家的眼球。

有家新开的饭店生意不好,每天除了几个老熟人来捧场外,几乎没什么新客人。老板很着急,一度寝食难安!为了提高营业额,老板在饭店外墙上打造了一个非常漂亮的橱窗,并在橱窗上打孔,上面挂着一个很醒目的牌子,写着"不许偷看!"

自从牌子挂出去后饭店每天人满为患。什么原因?因为牌子上的四个大字一下子勾起了人们的好奇心,大家都忍不住从小孔偷看,结果看到的是饭店正中央的八个大字：美酒飘香，请君品尝！就在大家争先恐后偷看的那个位置，有一瓶敞开口的美酒香气四溢。许多人看到这一幕并不觉得自己被骗了，反而会心一笑，被老板的智慧和幽默所折服。于是，走进这家饭店，一饮为快。因此，这家饭店的生意越来越好。

四、采用提问的方式

设问是一个很好的拟标题方式，往大了说，它直通人性；往小了说，它能让人刷出存在感。就比如这个标题：

鞋子上有300个洞，为什么还能防水？

这个标题的科技感很强，而人们对于"科技"二字往往毫无招架之力，会热衷于缩短自己与科技之间的距离，这个"为什么"能快速勾起人们求知的欲望。这就是人性！如果有一双这样的鞋子，在心理上就会产生比别人更多的优越感，因为这种鞋子不是人人买得起的，这就是刷存在感！

我们会对一个标题产生好奇，多半是出于对某种人类欲望的追求。在读者心中种下好奇种子的标题，会让读者产生愉悦的阅读体验，这样的标题更容易达到销售目的。

增加文案的真实性与可信度

奥格威曾经说过一段很经典的话："消费者不是低能儿，她们是你的妻女。若是你以为一句简单的口号和几个枯燥的形容词就能够诱使她们买你的东西，那你就太低估她们的智商了。她们需要你给她们提供全部信息。"这段话说明，消费者并非盲目地追随广告中的产品，取得他们的信任是产品营销的关键。

对于当今市场上形形色色的广告文案，大多数人持不信任态度，认为广告只是一种赚钱手段。他们在看到广告文案时会有各种各样的顾虑，比如这个产品真的有那么好用吗？这家的价格是不是最低的？……如果你的文案不能让消费者信服，那他们就不愿意把钱从自己的口袋里拿出来。

要怎样写文案才能赢得消费者的信任呢？如果说我们运用的各种文案技巧是为了给消费者提供感性的依据和情感的联动，那么在获取他们的信任方面就需要我们提供客观的事实与证据。常见的获取消费者信任的方法有以下几种。

一、用权威背书

我们一看到"权威"两个字，就会产生信任感，认为这件产品是经过严格检查和认证的。所以，现在很多文案都会借助权威背书这种方法来提升产品的可信度。

"权威"可以是某些领域的专业人士。某些人在某些行业举足轻重，若能得到他们的认可，消费者就更容易产生信赖感。

不知道大家有没有听说过五常大米品牌"没想稻"。"没想稻"CEO于鹏为了宣传自己的大米，请来了香港"食神"戴龙。据说"赌王"何鸿燊曾花5000港币只为吃戴龙做的炒饭，可见戴龙在厨艺界的地位之高，那么他对食材的选择也必然相当苛刻。就是这样一位充满传奇色彩的"食神"，不仅赞叹"没想稻"的大米里有真心，而且愿意用"没想稻"的大米重现江湖传说中的"黯然销魂饭"。正是"食神"的认可，让"没想稻"大米在京东众筹上线后6个小时就卖掉了60 000千克，真是俘获了不少消费者的"芳心"。

"权威"也可以是权威典籍，比如东阿阿胶就借助于《本草纲目》中的记载，让自己的产品获得了不少女性消费者的追捧。

"权威"还可以是权威媒体和机构，常见的有"××战略合作伙伴""CCTV上榜品牌""××机构认证产品"等。利用这些媒体和机构在大众心目中的地位给自己的品牌"镀金"，产品就会更容易赢得消费者的信任。

二、明星、名人的加持

请明星或名人代言，是目前最普遍的一种赢得消费者信任的方式。

移动互联网时代，"粉丝经济"爆发，导致很多品牌方选择代言人的标准是只要经济方面允许，"谁火就请谁"。不得不说，明星的影响力还是很大的，不少"粉丝"愿意花钱支持他们的偶像，并且也相信自家偶像的眼光和品位。但有一点要注意，在请明星代言的时候要考虑自身产品的特质是否与所请明星的气质相符，这样可以达到事半功倍的效果。

三、借消费者之口增加信任

俗话说得好："金杯银杯不如百姓口碑，金奖银奖不如百姓夸奖。"借消费者之口说出使用产品的感受，无疑可以增加其他消费者的信任感。这就好像我们在家找电影看时，会以豆瓣的评分和评价作为参考；还有我们买护肤品时，会询问身边朋友的意见或者看下小红书上的消费者怎么说。消费者的"证言"会对其他消费者产生莫大的影响力。

不过，在借用消费者的亲身经历、评价和反馈时，要注意说话的角度，不能把消费者推心置腹的"证言"写成硬广告。如果让其他消费者觉得这些提供"证言"的消费者是被收买的,那就会适得其反了。

这类文案比较常见的表述方式是:"我以前有……的烦恼,可是自从使用了××产品,问题就解决了。"

我们来看一下奥格威为奥斯汀轿车撰写的经典文案:

我用驾驶奥斯汀轿车省下的钱,送儿子到格罗顿学校念书。

这个文案很好地传递出了奥斯汀轿车经济实惠、油耗低的特点。不仅如此,奥格威还详细列了一份如何省下这笔钱的清单。这个文案不仅大大提升了该汽车省油的可信度,而且和孩子的教育搭上了关系,又为品牌增加了好感度。

四、用热销赋予消费者安全感

《影响力》一书中提到过"社会认同原理",即人在群体中的行为往往会受到他人影响,甚至会根据周围人的反应作出相应的反应,这就是我们常说的"从众心理"。

出于这个心理,大多数人都会"随大流",因为这样"安全"。举一个现实中的例子,如果我们看到某家奶茶店没有进行任何打折促销的活动,但门口却排了很长的队,我们就会认为这家的奶茶肯定好喝,以后也会光顾这家。既然如此,我们是否可以利用这个心理,在文案中列出产品的销量、好评量等数据,来制造热销气氛,给消费者安全感?答案当然是肯定的。比如:

"全网销量第一的精油品牌"——阿芙精油

"三亿人都在拼的购物APP"——拼多多

"连续五年销量翻番"——三棵树漆

"千万妈妈信赖之选"——贝贝网

这些文案无形中都传递出了产品很受欢迎、有很多人使用的感觉,所以,如果是大企业,就可以直接亮出销售量或者消费者数;如果是小企业,则可以描述某次畅销的现象来赢得消费者的信任。

五、直接测试赢取信任

有一家生产钢化膜的公司,为了证明其钢化膜强大的抗摔性能,不会轻易碎屏,于是拍摄了用锤子砸贴了钢化膜手机的视频;还有一家做丝袜的厂家,为了说明自家丝袜质量过硬,竟然把孩子装进袜子里摇晃。这两个视频的播放量都相当可观,同时他们的产品销量也一下子翻了好几倍。所以直接测试是一个非常好的方式,因为看过测试之后消费者会很放心。

如果我们的产品在某方面确实具有相当强大的优势,那么何不亲身实验一番,用试验结果证明我们所言非虚呢?

六、用数据提高可信度

数据具有很高的辨识度,能够给人一种信息含量高、专业性强的效果。所以很多优秀的文案手都会选择在标题中使用数据,以此来激发目标消费者产生点击它并从中获得有价值的东西的欲望。

所以说,利用数字能够让人瞬间就对一件事有量化的概念,在吸引消费者上具有立竿见影的效果。比如,说"公司有优厚的薪资福利"不如说"月薪12 000元";说"让你的职业生涯取得质的飞跃"不如说"从月薪3 000到年薪30万";说"从胖女人变成苗条女人"不如说"从180斤减到90斤"……

既然数据如此重要,那么我们到底要把数据用在哪里呢?一般情况下,当标题中出现能够"数出来"的名词,如薪酬、分享数、转发数、途径、秘诀、方式等方面时,我们就可以加上数据。

比如:"从180斤减到90斤,只需要跟我这么做""3个文案秘籍,让你的广告点击率提升100%"……但是,数据要怎么用才能让它的效果最大化呢?我们来看以下几点:

1. 找一个能量化的指标

找一个能量化的指标,再放一个有刺激性的数字,相信更容易激起消费者的点击欲。如果没有太强烈的数据刺激,也可以选择放入一个普通数据来引起读者的关注，否则这篇文章就会被忽视掉。以下两个标题就是没有量化指标和有量化指标之间的区别，我们可以对比一下。

搞清京东的营销策略，看这篇文章就够了！

搞清京东创造200亿人民币利润的秘密，看这篇文章就够了！

2. 忌用与卖点无关的数据

与文章卖点无关的数据，只是单纯的一个数字，它不会产生任何意义。比如以下两个标题就是如此。

这个学校用200节课、300个案例，让我的工资涨了不少。

只在这儿学了3个月，我的工资就涨了一倍。

"课程和案例的多少"与"学了就涨薪水"这个主题不存在任何关系，所以第二个标题更符合"涨工资"和"用很短的时间或方式涨工资"这个卖点，也更容易打动目标消费者。

3. 数据之间要有对比

小白文案终于拿到了7 000元月薪，分享我的血泪奋斗史。

一年之内月薪翻10倍，分享一名文案小白的血泪奋斗史。

直接说月薪7 000元，因为没有对比，读者无法对它产生概念，所以效果不大。如果有一个对比，让小数据变成大数据，读者就会自发地进行一下脑补，进而产生强烈的阅读欲望。

4. 数据要具有价值可视化

用了这瓶润肤乳，我的皮肤变好了。

只用了3天，这瓶润肤乳就让我的皮肤吹弹可破。

简单的"皮肤变好了"无法让消费者产生任何概念，"3天"的时间概念让消费者对文案的内容产生价值可视化，也使文案更具形象化。

增加文案信任感的技巧和方法还有很多，比如证明产品首创、在市场上拥有领先地位、参加公益事件、有据可查、定义行业标准、拥有别家没有的安全特性等，这些都可以赢得消费者的信任。

场景化，让你的文案自带画面

"这明显是广告，还是换一个吧。"这是大多数消费者看到广告文案的第一反应。我们不得不思考：消费者为什么这么反感广告？我们要如何做才能降低这种反感？怎样做才能让消费者觉得我们是在帮助他们解决问题？

很重要的一点，就是我们要注意消费者所在的情景。举个例子，你正在刷微博看搞笑的段子，这时候突然刷到了一个××汽车发的微博"年度重磅，即将登场"，打扰了你想要休闲娱乐的心情，当然会觉得反感。

在现实生活中，我们每个人都有许多的生活场景，比如去健身房健身、泡酒吧、朋友聚会、开会、出差、外出旅游等，如果我们把它细分为每个人的不同职业，比如一名广告策划，就需要每天都做PPT、做演示。所以，作为一个文案，我们对消费者生活的真实场景了解得越深刻，就越容易写出打动消费者内心的标题，文章的曝光率和阅读量自然也就越高。

而场景化的标题有一个固定的模式："目标消费者"+"目标消费者的痛点"。所谓场景化标题就是设计一个特定的使用场景，让消费者通过场景对产品有一个详细而全面的理解。当消费者在遇到类似的场景时，他们自然会想到这款产品。比如"怕上火就喝王老吉"，因为它所预设的场景和作用是为了祛火。当我们上火的时候，很自然地想到的是王老吉而不是败火药。

此外，同一个产品在不同的场景中代表着不同的含义。以白酒为例，在不同的场景中，它的属性会随之而改变。比如，在超市里，它是一种待售的产品；在药店里，它是一瓶药酒；当把它送给亲戚朋友时，它就变成了礼物。

就像"送长辈，黄金酒"一样，黄金酒是一个高度情境化的文案标题，它的场景定位就做得非常具体。这一点最明显的体现就是，当我们购买平时自己家中的佐餐用酒时，很少有人会选择黄金酒，但当我们需要探亲访友时，脑海里很有可能就浮现出黄金酒。

所以，我们要结合情景包装我们的文案，使之成为看起来不是广告的广告，与情景同化，深入消费者的生活，并使之产生共鸣。

一、与场景同化

1. 微信朋友圈场景

所谓"朋友圈"，就是"朋友的圈子"。我们刷朋友圈，大多是为了了解朋友的生活动态，所以朋友圈里很多成功的、没有引起反感的、不是"一刷而过"的广告，更像是一个朋友在对你说话。

我的电影《何以笙箫默》，献给长情的你，量量你的爱情有多长。

电影《何以笙箫默》的朋友圈广告，以黄晓明的口吻跟你说话，用了"我""你"，一下子拉近了与人的距离，这是我们在朋友圈自己也会做的事情，所以没有引起反感。

2. 移动新闻客户端广告

想一想，在移动新闻客户端，大众要看什么呢？当然是获取新闻资讯，了解社会上发生了什么事情。所以我们的文案也要像新闻消息一样。

我们来对比下面两条移动新闻客户端的广告，看谁的更好。

急用钱？飞贷额度高达30万，无抵押！

《华尔街日报》整版报道，飞贷在美国火了！

毋庸置疑，第二条更胜一筹，点击率更高，因这本身也是一条新闻。

总而言之，文案与情境同化，就是要让文案更加符合大众在这个场景下要完成的事情。电视广告，要有节目的感觉；百度搜索，要让标题看起来像是答案；电梯广告，要给人一种看通知的感觉……照着这个思路，我们就可以找出任何一种场景下没有广告感的文案形式。

二、产生共鸣感

共鸣感的产生，源于部分消费者也有类似的经历，进而迸发出相似的感情。所以，我们在写标题时要尽量去揣摩读者之前的经历、情感，以便和他们产生共鸣。让读者看到我们的文案标题就能产生"哎呀，他说出了我的心声"的感觉，从而对文章内容进行点击阅读。能使消费者产生共鸣的文案，更容易激发其购买欲。

如果你接到一个任务，卖某培训课程，关键信息是"系列职业培训课程，只要40元"。如果想让这则文案变得更加直观形象，我们可以写成这样：

一场电影的价格，就可以让你学到职场前3年的经验。

这样改完，虽然"可理解性"增强了，但还缺少共鸣感，因此，我们可以再加点主观的情绪在里边：

一场逻辑混乱的电影烂片都要收你40元。或者，你可以花40元学习职场前3年的经验。

这样就加入了情感意义，每个人都有过看烂片的经历，这就容易引发其认同感，增强同样的价格获取不同的价值的对比感知。

再来看一则赞美奥运会运动员为国争光的文案：

中国人，让改变发生！

这则文案看似很激励人，但能够披上国旗、为国争光的永远只是少数人。而看到文案的大部分人都是普通人，对于运动员的这种感受，并不能产生共鸣。

在引发共鸣这一点上，耐克的一些文案可圈可点，它更看重普通人在运动、比赛时的一些经历。

裁判能决定你的成绩，但决定不了你的伟大。

这个文案是耐克"活出你的伟大"系列广告中的一个，会令人们想起生活中经历的各种比赛，明明在赛前准备了很久，耗费了很多心血，但是裁判依然给了低分，结果并不尽如人意，可那又怎样！即便比赛成绩不好，我们也依然能活出伟大的自己。

所以，我们在写文案时，可以试着去寻找消费者记忆中的情境，然后在这个情境中给他们提供帮助,这样的文案才能让他们产生共鸣。

三、深入消费者日常生活

一个成功的文案必定是深入消费者日常生活,或与消费者的生活密切相关的。在这方面,我一直对支付宝的海报文案推崇备至。它在前几年就已成为渗透消费者生活方方面面的超级APP了。

让我们回顾一下2016年支付宝9.9版本上线,创意界的大咖"天与空"为其设计的一组文艺范儿十足的海报文案。

千里之外每月为爸妈按下"水电费"的支付键,仿佛我从未走远,为牵挂付出,每一笔都是在乎。

每一笔付出,都是因为"在乎"。这一段文字,勾起人们心中最真挚的情感,无形中吸引大家把每一笔"在乎"都记录进生活里。

四、具有强烈的代入感

阿迪达斯和耐克每年都会签一批NBA大牌球星,并付给他们价值不菲的代言费,其实就是在利用球迷的代入感。当球迷穿着和偶像一样的鞋子时,就会产生一种心理暗示:"我可以像乔丹、科比一样,带领球队披荆斩棘,在比赛中获胜。"

最温馨的灯光,一定在你回家的路上。再名贵的树,也不及你记忆中那一棵。——万科

她像夏日里路过的一阵风,清淡自然,却回味悠长。她喜欢穿什么逛什么?棉麻、长裙、草帽、日式杂货店、咖啡馆……——步履不停

看这些语句的时候,你是否会忍不住脑补画面?有强烈的这些具体形象的、视觉化的表达,让人看起来基本不需要逻辑推理、深度思考。与那种语言华丽或者生涩难懂,理解起来需要耗费大量精力的文案相比,具有鲜活画面感的文案当然更讨喜。因此,每个称职的文案,都该专门进行画面感修炼,也就是把所有想要表达的东西具象化。

1. 描述细节

比如你跟人炫耀说,昨天你在机场看见某位女明星了,然而别人不信。

这时候,你就描述昨天几点几分在什么机场哪个拐角处,她穿着 A 品牌的过膝连衣裙、白色绑带凉鞋,挎着 B 品牌最新款的蓝色包包,戴着一顶紫色宽檐帽,居然还自己拉着行李箱……这样描述,别人不信都难。

举一个"小饭围"众筹宣传文案的例子。

每一粒米都有态度,

无 | 法 | 复 | 刻 | 的 | 精 | 准,

粒长 6.5mm,粒宽 2.2mm,

籽实饱满敦厚,

每一毫厘都源于自然的鬼斧神工。

"粒长 6.5mm,粒宽 2.2mm",看到这句,很多人的脑子里就会自动生成五常大米的样子了吧?如果去掉这句,其余的文字还有多少说服力?

2. 营造场景

很多时候,你说得天花乱坠,消费者都不一定买单,因为所有的消费行为都有消费场景。比如,独自一人漂泊的时候,就特别想有个属于自己的房子;夏日午后,去喝杯咖啡会很惬意;看到妻子在厨房被油烟呛到,就特别想买台抽油烟机……很多经典文案都是这么来的。

农夫山泉有点甜。

人头马一开,好事自然来。

饿了别叫妈,叫饿了么。

很多情况下,消费者意识不到自己需要某件东西,如果我们想把一件新品推销给消费者,让他意识到自己需要它,最好的办法就是营造具体场景。

3. 描述可见、可听、可操作的实物

"高端""享受""大气"都是什么?这类虚幻的词自然无法形成画面。文案想写出画面感,就要尽力避开那些抽象的词汇,抱着画一幅图、拍一部电影的心态来叙述,用充满张力的词语,让消费者眼前一亮。最

简单的检验标准就是,你描述的事物,你自己能否画出来?你笔下的动作,你自己能否做出来?如:

　　枯藤老树昏鸦,小桥流水人家。

　　用子弹头放倒敌人,用二锅头放倒兄弟。

　　喝杯水都能感知的重量。

再看看印度文案大师 Freddy Birdy 撰写的这组主题为"如果没有人陪伴,连茶的味道都会不一样"的文案,从中我们能够更深刻地感受到画面感文案的感染力之强。

　　倘若你想醒来时躺在另一个人的怀里,

　　而不是空荡荡的床上,怎么办?

　　倘若你在等待门铃响起,却没有一个人来,怎么办?

　　倘若你穿上一件新的纱丽,

　　但只有你的镜子注意到了,怎么办?

　　倘若你做了一道刚学来的菜,

　　但餐桌旁总是只有你一个人,怎么办?

　　这样生动的描述,是不是也成功唤起了你对孤独的恐惧?

标题太短？却字字都是精华

在没有电话的年代，电报是很昂贵的通信工具，按字符收费，就连标点符号都要算上，所以发电报的人会将传递的内容精简再精简，直至不能精简才发送。写文案的标题同样如此，标题的每一个字都是精华，每一个标点符号都要用得恰到好处，要不偏不倚直抵消费者内心。否则，就算文案内容写得再精彩，排版再精美，消费者不点开标题，这篇文案也没有任何意义。

电报式标题是不是意味着一定要短小精悍？不要弄错意思，这里说的电报式标题，是指每一个字都要精心打磨、恰到好处，如果不能引起消费者共鸣、触发消费者的内心诉求，那即便标题只有两个字也嫌多。

我们来分析几个成功的案例：

再小的个体也有自己的品牌。——微信

这是微信公众平台的文案，在自媒体刚刚兴起时，这句文案简直堪称神作。

在纸媒时代，普通人想在报纸杂志上发表文章要受各种限制，比如写作题材、时间、类别等，所以很多民间写作高手被时代雪藏了。如今，微信公众号让所有人都能成立自己的"报刊"品牌，都能在自己的媒体平台上畅所欲言。这个文案字数不多，却一下子抓住了小人物想有大成就的心理，所以迅速走红。

人类失去联想，世界将会怎样。——联想

这个文案巧妙运用了"联想"这个名词，一词双义，把世界与联想品牌联系在一起，成功地让人们知道了联想的重要性。没有一个多余的字，却瞬间让人们记住了"联想"这个品牌，这无疑是一个非常棒的文案。

致那些使用我们竞争对手产品的人，父亲节快乐！——杜蕾斯

第二章 抓人眼球的标题是成功的前提

用避孕套的人都有一个共同心理：不想过父亲节。杜蕾斯拐弯抹角地黑了所有对手的产品，同时巧妙地将自己产品的质量优势放大，无形之中让人记住了这个颇具调侃意味的文案以及产品品牌。

虽然我们肤色有别，但绝对不含人造色素。——白兰氏鸡精

食品安全问题让人十分重视，如何让自己的产品显得与众不同且绝对安全？白兰氏鸡精做得很好，它在标题中明确告诉消费者它的与众不同以及原因——不含人造色素。

尽管很多消费者根本不知道人造色素是什么，但新闻或报纸上时有报道"人造"的酱油不合格，"人造"的鸡蛋不能吃……久而久之，消费者恨不能将所有带有"人造"字样的食品全部打入冷宫。这时，冷不丁有个绝对不含人造色素的产品出来，消费者在选购鸡精时，肯定会优先考虑。

饭后嚼两粒，关心牙齿更关心你。——益达

不得不说，这是个堪称经典的文案，让人一吃饭就想到益达。许多人不具备吃完饭就能刷牙的便利条件，而益达解决了这个问题，它不但可以帮助人们清洁牙齿，而且唇齿留香，让身边的人也感觉非常好。

"关心牙齿更关心你"，一句话瞬间拉近了人与人之间的感情。在这个靠手机维系感情的年代里，能黏住消费者的东西不多，益达口香糖成功做到了这一点。

电报式文案标题，词简而意丰。无限的情感浓缩进有限的文字，给人回味和想象的空间。

成功的文案标题并不是说要一下子将所有信息都传递给消费者，产品的信息那么多，既要给出卖点，又要给出促使购买的信息，还要表达产品精神，如果把信息一股脑儿扔给消费者，只会引起消费者的反感。而且信息太多，反而会让人抓不住重点。

写文案标题应该抱着这样的想法：以最小的成本得到最大的收益。要像"点穴"一样，找到"牵一发而动全身"的那个"穴位"，重点发力。

想要精简文案标题，练成"点穴"神功，只需做到以下两步：

一、找准定位，抓住关键词

生活中，我们常常会被突然出现的画面或某人脱口而出的话语击中，内心掀起千层巨浪。每当这种情况发生在我身上，我都会思考，是什么信息击中了我？为什么我会被这些信息击中？透过这样的思考，我越来越了解自己的个性和需求，也渐渐找准了自己在生活中的定位。

事实上，每一则经典的文案标题都是要呈现出这样一个画面或一句话。通过这样的画面和语言，来传递能够引起消费者共鸣的关键信息。与生活中那种无意识的信息传递不同的是，每一则文案标题的创作，都需要文案工作者找准消费者的需求，明确自身的定位，抓住关键词，透过简洁的话语，传递出精准的信息。

常言道："兵在精不在多。"好的文案标题也是一句话便胜过千言万语。那些堪称经典的文案标题，都是极简主义者，都是通过极其简单且朗朗上口的句式，传递出消费者的诉求和产品的联系。换言之，就是用极其简洁的话语，向消费者传达产品自身的定位，以及能够满足消费者哪些具体的需求。这样的标题，自然能击中消费者。比如：

沟通从荷尔蒙开始。——陌陌

文案标题的宗旨是什么？当然是把产品推销出去。我们知道陌陌是一个社交软件，如果当初陌陌只是一味吆喝"我们是社交软件"，在微信和QQ这两个社交软件"大佬"已经占据市场的情况下，陌陌很难把用户数量做起来。

于是陌陌精简了结构，只是传递了产品名字和产品功能，陌陌＝荷尔蒙社交。一提到荷尔蒙，很多人就联想到恋爱、异性，而正是"荷尔蒙"将陌陌与QQ区分开来。简单明了，让人很快记住了这是一款异性社交工具。

关爱点菜困难症协会。——大众点评网

大众点评网是用来干什么的？只是用来给卖家做好评或差评的？非

也，它还可以用来点菜！瞧，这个标题多么直接地说出了大众点评的新功能，而且消费者瞬间就记住了：哦，原来大众点评网还可以点菜，以后就不用纠结点什么菜了。

看不懂电影人士的避难所。——豆瓣电影

豆瓣有个影评栏，大家可以在此畅所欲言，交流观后感。但如果直接说交流影评，许多类似的网站也有这种功能，于是豆瓣巧妙地突出了自己的优势，任何消费者看不懂的电影，在豆瓣都有解析，会令消费者醍醐灌顶：哦，原来是这么回事！

二、抽丝剥茧，去掉水分

文案标题应该表达产品最想传递给消费者的信息，且信息量不宜过多、过杂，否则结果只有一个，就是所有信息都被淹没，消费者什么信息都没有接收到。

因此，一则吸引消费者注意力的好标题，一定要精简、精简、再精简。

原标题：

挑战行业底线零基础就业班，本周只需5 000元！——告别10 000元以上的高价培训，勇于挑战自身的潜力，职业道路上不再坎坷！

修改后：

挑战行业底线零基础就业班！——告别万元培训，本周只需5 000元！挑战潜力，职业路上不坎坷！

前后对比，很明显，修改后的句式不仅更容易被人记住，排版也更美观。

其实，文案标题控水并不难，只要你掌握了下面6种技巧，就能把标题写得短小精悍。

1.减掉一切不必要的文字：当你对标题满意时，再减去三分之一的文字。

原标题：

女子在朋友圈辱骂朋友被起诉，结果法院判她在朋友圈向朋友道歉3

天，赔偿 5 000 元。

修改后：

女子在朋友圈辱骂朋友遭起诉，法院判其在朋友圈道歉 3 天，赔偿 5 000 元。

两个标题传达的意思是一样的，但是对比起来，修改后的标题比原标题更简练。

2. 删去与关键字无关的文字、词语。

原标题：

旅游是一件很快乐的事，仅需 3 500 元就能玩得痛快，包住宿 2 天 3 夜游海南。

修改后：

3 500 元，2 天 3 夜畅游海南！

原标题的关键词是什么？旅游、3 500 元、2 天 3 夜、海南。提炼出关键词之后，把无关的修饰词、文字删掉，按照逻辑重新组合这几个关键词，就可以得到修改后的标题。

3. 删掉重复的词语，试试看还能不能用更短的词汇代替。

原标题：

2017 新款春装　韩版潮男毛衣男装　韩版百搭纯色毛衣男装全棉针织衫

修改后：

2017 新款春装　韩版潮男百搭全棉针织衫

其实，原标题如果作为电商平台的产品标题，是没有问题的，因为尽可能多的关键词能提高产品的被搜中率。但如果是作为宣传用途的文案标题，原标题就显得啰唆了，没有几个人有耐心去看这么长的标题。所以，作为文案人，你还是乖乖地把那些重复出现的词语删掉吧。

4.使用关键词，让标题看起来很"短"。

原标题：

男人嫌妻子过于唠叨，一枪打死了对方

修改后：

男人、唠叨和枪

选取原标题中的"男人""唠叨""枪"三个关键词做标题，更加简短，也更能勾起人的好奇心。

5.用特定句式，让文案读起来更顺口。

原标题：

让流利的口语点亮你的未来

修改后：

多一种语言，多一种人生

学好语言，高薪工作不是梦

原标题是完整的长句，第一种修改方式是把长句改成对仗句式，读起来更朗朗上口；第二种修改方式是把长句变成长短句式，读起来更有力。

6.将长句子断句。

原标题：

北京的车主可免费领取价值100元的加油代金券，还不快来？

修改后：

免费加油！点击领取100元加油代金券，只限北京车主！

相同字数的文案，有断句的文案看起来更短，也更容易记忆。

在一版报纸上，你的标题至少要与四五篇文章竞争读者的注意力；在一页手机屏幕中，你的文章标题至少要从十几篇文章中脱颖而出才能被点开；在一屏电脑页面中，你的标题至少要与几十篇文章过招才能胜出。

研究表明：在互联网环境下，消费者投入到一则广告上的时间平均不超过两秒钟。也就是说，消费者是以凌波微步的速度穿越广告丛林，绝对不会在毫无兴趣的地方停留片刻。所以，用电报的方式讲清楚要讲的内容，文字简洁、直截了当，不和读者捉迷藏，是文案人必须修炼的基本功。

掌握好标题与情感的连接

奥格威曾说过:"标题是大多数广告最重要的部分,代表着一则广告所花费用的80%!"此话一出,瞬间让无数标题党活跃起来,为了写出有趣、吸引人、让人想立马点开的标题可谓煞费苦心。

以前的文案人在广告大规模投放且没有确切统计的假象里,还可以自顾自狂欢。很多广告人甚至因此沾沾自喜,说因为某则广告,××产品的销量一年内飙升。而现在的互联网文案,没有了企业砸重金多渠道投广告的遮羞布,后台惨淡的数据就赤裸裸地暴露在众人面前。

但与此同时,很多互联网文案动辄就把阅读量"10万+"当作至高荣耀,一面享受着每次刷新后阅读量又增加的快感,一面被老板敲着桌子喊"业绩!业绩!"。残酷的事实就是,文案追求的"叫好"并不能为企业带来利润,"叫座"才是老板不变的追求。那么,这里就涉及一个词:转化率。

文案人不是明星,没有粉丝。文案的高转化率势必需要更好地与消费者进行沟通,走下神坛,回到群众中来,了解他们的需求,然后提炼出更具吸引力、说服力的文案,让他们自动掏腰包。

比如曾在朋友圈中火爆一时的"很多人在毕业多年后的同学会上跟老同学坠入爱河"。这篇文章直接摘选了一本杂志上的情人节特刊——"24种进入爱情的方式"中的一篇,原标题叫"她的时间特别慢"。在微信上发出的时候,直接把文章中的第一句话改为标题名称。很明显,与杂志上的原标题比起来,这个标题更加直观,也更适合于网络阅读。

以感官刺激来吸引消费者的注意力,有一类人做得非常到位——标题党。一说起"标题党",很多人都会一脸鄙夷,但存在即合理,我们不得不承认,在信息大爆炸和阅读碎片化的时代,"标题党"写的标题更加容易引起关注，并在实际传播中更容易激发人们的阅读欲望。

当然了，我们可以学习"标题党"的方式拟一个噱头十足的标题，但前提是，这个噱头要基于现实，这样才不会让人们反感。比如：

震惊！著名 LOL 玩家和 DOTA 玩家互斥对方不是男人，现场数万人围观！

这本来是林俊杰和周杰伦同台合唱《算什么男人》，可标题却说得火药味十足，不仅引起了游戏玩家的疯狂转发，吃瓜群众也蜂拥而至，甚至有网友说"要给文案加钱，标题起得太赞了"。

为什么网友看完文章的内容之后也没有反感？因为这个标题并不是凭空编造的，而是有事实基础的：周杰伦曾被朋友曝喜欢玩英雄联盟（LOL）游戏，而林俊杰则被网友扒出喜欢玩 DOTA。所以你看，能吸引人的好标题往往会有出其不意的效果，分分钟收获 10 万+的阅读量。

除了"标题党"类型的文案，还有欲望展示型的文案，利用人性妥妥地"吸睛"；也有巧用网红体的文案，其中"臣妾做不到"虽然已经被用烂了，但还是经久不衰；还有用概念化的诉求写广告语来吸引受众关注的，比如："小米，为发烧而生！"发烧友是什么样的人呢？他们追求更好的体验，并希望通过自己的研究探索与努力，以尽可能低的成本获得尽可能高的产品品质。小米的广告文案通过发烧友的概念转化了第一批粉丝，而这批粉丝更是成为"小米，为发烧而生"这个概念的传播者。

当我们起草一个文案标题时，可以注意这几个方面：吸引消费者的注意力；有新鲜的新闻感；可以引起人们的好奇心；可以吸引人们点开内容阅读。做到这几点基本上可以让大多数读者有兴趣，并且希望打开内容看里面写了什么。

为了达到这个效果，一些专业人士特别总结了一套 WHCB 规则，帮助文案创作者写出更优秀的标题。

W 代表情感唤醒（Wake up）。作为文案的精髓，标题必须能够吸引他人。只有唤起消费者的情感和兴趣，对方才能将注意力集中到我们写的文案当中。对大多数人来说，与人相关的情感，譬如兴奋、欲望、贪婪、开心、恐惧等，更有可能起到激化或者舒缓情绪的作用，而这些情感正是每个人的兴趣点。此外，爱憎分明的观点或怀疑权威的观点也会使人们的情绪产生反应。

比如"未成年人用品，口味果然独到呀！""焚烧的纸钱，祖宗收到了吗？""自断经脉的打工族，如何利用挤地铁时间成功上位？""你还在搬砖？他用这个方法已经躺着把钱赚了"……这种能让人有情绪波动和产生共鸣的场景，就是能激发消费者情感的题目，因此这类文案的阅读量和转发率都非常高。

H代表戏剧效果（Histrionic）。标题中的戏剧效果主要是为了让人产生耳目一新的感觉。为此，我们需要在标题中创建冲突点，以激发消费者的兴趣点和猎奇心。比如"刚毕业的实习狗，为何让工作3年的你下不了台？""直播睡觉爆红网络，有没有伤到默默无闻的你？""月入1500游遍欧罗巴，这位'95后'是这么做的"……这类标题总会让人感觉眼前一亮。

C代表群体关联（Connection）。许多文案作者认为他们的文章是供大家阅读的，要尽量满足所有人的要求。但事实却是，每一类的文章都是供特定群体阅读的，关注"减肥瘦身"等文章的人一定是对身材有要求的人。如果把这个问题放在标题上，就意味着标题具有自动过滤读者的功能。

除此之外，还有一些可以代表生活中某一群体的集体符号，如"二次元""单身狗""宅男"等。这样一个更广泛、更具体的符号，也会使文案有具体的受众，对相关人士更具吸引力。比如"刷脸晒腿跑步三件套，没想到你们是这样的'95后'""不愿将就宁可单飞？剩女爱情观和你想的不一样"……

B代表利益呈现（Benefit）。都说"不见兔子不撒鹰"，如果不知道阅读某文案能给他们带来什么益处，消费者又如何知道文案是否值得点击呢？因此，我们应该学会在标题中呈现出能够吸引目标消费者的"好处"，从而突出消费者最关心的"痛点信息"，然后迅速找到核心群体。

比如"5张图告诉你奔三还单着的感觉会有多糟""文案狗翻身做主的3件法宝，拿去！""性感如范爷、汤唯等女神，为何只选择了这款口红？"……这样的标题无形中压缩了读者的阅读时间，让消费者在短时间内找到掌握"真相"的满足感。

看吧，写一个标题和写一个好标题之间只差一个WHCB规则。只要把握好标题与情感的联系、标题与内容的配合，就能写出一个引人注目的标题。

第三章 文案的价值体现在哪?——内容!

洞察消费者心理，产生共鸣

最好的效果，自然是别人看完后发出惊叹"对呀，你怎么知道？"或者"还是你懂我"。共鸣产生后，接下来的一切就顺理成章了。

每个人都希望自己的个人价值得到认可，将产品与实现个人的价值感结合起来，既可以打动消费者又能勾起一部分读者的"痛"，何乐而不为呢？总之，价值也好，义务也罢，目的就是让读者产生不得不买该产品的感觉，不买就意味着损失。

例如，劝说人买老年人用品的时候，企业可以在软文上说："为了老人晚年生活的便利和幸福，是作为儿女的职责"，这恰恰是让儿女很有压力的话术。

而在销售厨具的软文中，可以这样描述："当丈夫拖着疲惫的身体下班回家，他多么渴望吃一顿可口的饭菜；当妻子将可口的饭菜端上来的时候，吃着美味的饭菜，看着贤淑的妻子，丈夫的心该有多满足！"这让做妻子的价值感油然而生，可以激发家庭主妇强烈的购买欲望。

自我满足感对于消费者来说，是比个人价值感还要重要的需求，若能将满足感作为切入点，定能成为软文写作痛点的推手。企业可以用"某某不仅是个……的人，更是一个……的人"的句式。写作软文时，在体现主人公个人价值的同时，乘胜追击，突出主人公的优秀。

例如，有一则洗衣粉的广告，说在使用了这种洗衣粉之后，洗出来的衣服非常干净，很多平时难以去除的污垢都被清理得干干净净。这样就传达出了洗衣服的人不仅是一个勤劳的家庭主妇，更是一个会生活、有智慧的主妇的信息。

很多文案的日常习惯是先写文章，努力创造共鸣，这本身就是个错误。只有先找到共鸣再下笔，才有可能达到想要的效果。谨记下面3条，离创造共鸣就不远了。

1. 别追求所有人都是你的消费者

你跟同事去"撸串",你馋得口水都要淌到地上了,她却说好恶心,这就是没有共鸣,分分钟绝交的节奏。你不能要求所有人都爱"撸串",只需要找出跟你"能吃到一起"的小伙伴即可。

如果你要推的是一个美容项目,那么只知道消费者是女性是远远不够的。她们多大年纪?是全力打拼的职业女性还是相夫教子的全职太太?生活习惯如何?经常出入哪些场合?她们的业余喜好是瑜伽健身,还是种花养鱼?并且通过这些信息勾勒出消费者画像,深究她们的人生观、价值观,并上升到心理洞察层面:她们从这个服务项目中能够得到什么样的心理满足?

如多年前有一则国外的汽车广告:

我用买这部车省下的钱,将儿子送进了××大学——××贵族学校。

这则广告非常完美地赋予了一部高性价比的汽车另一种意义。这对于它的消费者——上有老下有小的40多岁中年男人,绝对是能够冲击心灵的刺激。买了这部车,儿子的大学学费就省下来了。

2. 别去讨好消费者,而是成为他们的代言人

给女人看的文案,男人不喜欢又如何?给农民工兄弟看的文案,文艺青年嫌弃又如何?

而乔布斯那样的天才,根本不需要做什么市场调查。他说:"许多时候,人们不知道他们要什么,直到你把成品放到他们面前。"乔布斯时期的苹果,完全就是乔布斯在为自己定制一部完美的手机。他知道自己真正想要什么,他对细节吹毛求疵。而苹果的定位人群则是——非同凡响的人。

向那些疯狂的家伙致敬!

他们特立独行,

他们桀骜不驯,

他们惹是生非,

他们格格不入，

……

因为只有那些疯狂到以为自己能够改变世界的人，

才能真正地改变世界。

是的，乔布斯本身就是非同凡响的人，没有谁比他更适合代言苹果。雷军，一个真正的手机发烧友，曾经写信给诺基亚公司提出手机改进意见，可惜没有被采纳，所以才有了小米的定位——为发烧而生。他自己痴迷数码产品，在发布前就为消费者尝试了所有体验，为黑科技疯狂。

作为文案工作者，如果你本身是所推产品的消费者代表当然最好。如果不是，那么，别尝试着去猜测消费者，乖乖地去了解你真正的消费者，与之深入交流，越小众的产品，赢得共鸣的可能性越大。

3. 别忘记让消费者为自己的"虚荣"买单

大量的非刚需营销都离不开人性的弱点——虚荣，但如何运用好虚荣却需要很深的功力。

叶茂中在他的书中举过一个例子：昆明的南亚风情·第壹城，是一个"城中村"改造项目。如果只考虑本市低收入、低消费的市民需求，只能低价买卖。

但叶茂中洞察到了昆明作为西南偏远城市，人们对一线城市生活充满向往这一心理特点，大胆地进行了尝试。广告文案以"商业比附曼哈顿，休闲比附巴黎"标榜，并喊出"这里是昆明的巴黎！这里是昆明的曼哈顿！"，让"城中村"一跃成为精英聚集地，使其商品房短时间内被抢购一空。

再举个反面例子："10 000 000 白领，用脉脉实现职场梦。"这则广告虽然定位准确，但丝毫不能显示消费者的优越感。如果改成"脉脉，只成就职场精英的梦想"，虽然不一定准确，却让使用者有了更多炫耀的资本。

4. 建立支配感

"我的生活我做主",这是每个人都希望拥有的生活态度,这种对自己生活的支配感不仅是一种表达自我的口号,也是对自己的一种肯定,运用得当,这点同样可以成为软文中的痛点。

下面来看一篇建立支配感的软文。

有一天,一对情侣来到了一家婚纱店,当两个人正浏览琳琅满目的婚纱的时候,女生忽然跑到了一个角落,原来她看到了一件很漂亮的婚纱。

当女生穿着这件婚纱出来后,男生立马惊呆了,觉得这件婚纱非常配自己的女友,于是笑意盈盈地问销售员此件婚纱的价格,销售员温柔地报了价格,随后立即说道:'这件婚纱曾被当年还没红的某位明星所看中了,可是当时他还没有那个经济能力,所以就没有购买,直到现在他有时还会与人谈论起这件婚纱','是吗?'只见男生眼睛立刻睁大了,'竟然有这样的事情?'男生问。

随后,销售员简单地描述了那位明星来店的场景,待销售员说完后,男生的眉头开始舒展开了,很痛快地买下了这件婚纱,脸上满是得意之色,让他感觉到了对财富的支配感,以及女友对自己的另眼相看。

在此篇软文中,可以看出男主人公为了女友、为了展示自我实力,所表现出来的金钱支配感,这会让一些在用钱方面比较拮据的读者,受到一些影响,而产品"婚纱"也会更受读者的关注。

5. 给予归属感

随着生活质量的提升,人们的归属感也越来越难以实现,于是人们开始喜欢为自己贴上小标签,让自己找到组织,证明自己并不是一个人。例如,成功人士、小资白领、时尚青年等都是人们喜欢往自己身上贴的标签。

被归类在某种标签下的人,都有自己独特的生活方式,由此在软文中以归属感来说服读者,让读者产生"痛",是一种很容易就能走入读者内心的方法。

企业只有在软文中只有将产品与读者标签结合在一起,才能给读者制造归属感。例如,在销售某品牌领带时,可在软文中说:"这个牌子的领带,不仅样式好看,还是成功人士最为喜爱的一款。"这样读者就很容易对号入座,从而吸引他们产生购买产品的欲望。

一篇公众号文章,别人读完后为什么要帮你转发分享?一个营销文案,别人看完后为什么要掏腰包?总之,一切共鸣感文案必须挑起消费者的隐秘需求,替消费者说出心里想说的那句话。更高级的是,虽然知道消费者想什么,却为了顾全消费者的面子,与其达成"共谋"。如纸尿裤的文案,如果一味突出"省事、便捷",就会让主妇有一种负罪感,或者让长辈觉得买纸尿裤的妈妈是在偷懒。而换一种说法"纸尿裤,解放妈妈的双手,陪宝宝做更多有趣的事情",是不是感觉更好?

还有很多更高级的共鸣技巧,需要我们在实践中用眼睛去发现,用头脑去洞察。文案从来都不是码字的体力活,而是人性的较量。

让消费者听你娓娓道来的故事

一篇小说的情节要求远远高于对语言的要求，尤其是只有几百字的微型小说，要在这么短的篇幅内，设计出故事情节，还要动人心魄，概括来说，就是要做到"简洁、凝练、形象、引人入胜"。要创作这样一篇小小说型的文案确实不是一件容易的事，但，难并不意味着做不到。

要想成功，就要先让自己成为有故事的人，无论是品牌还是个人。这个时代，每天都能产生大量奇迹。一个本来名不见经传的小人物，有可能一夜之间就成为世人皆知的网红。比如有一阵很火的"跳舞的拉面小哥"。

跳舞这事没什么稀奇，拉面也司空见惯，但是两件平常的事结合在一起，就有了故事。举个例子，一位女士，她原本是一个寻常的美容机构老板，但通过策划，塑造出一系列的传奇故事，迅速走红成为行业明星："一个40多岁的单亲妈妈，白手起家创造了美业集团，并与小她20岁的帅男友步入婚姻，收获了幸福！""美容行业最会画画的老板，10年时间将分部开到了世界各地！"这些都成为消费者茶余饭后的谈资，不自觉就为她做了广告。

同样一个企业，有故事的老板就是最好的营销武器。不然，董明珠为什么不介意成为话题女王，甚至在众目睽睽下跟雷军对赌10亿？刘强东娶了奶茶妹妹，一夜间让京东名声大噪。如果不是陈欧"为自己代言"，很多人根本没听说过聚美优品。如果没有那篇霸屏的创业故事《我为什么要辞职去卖肉夹馍》，西少爷肉夹馍可能只是个再寻常不过的路边摊。很多时候，别人看似靠运气成功，其实更多是背后团队的头脑风暴、精心谋划。

这点在品牌文案和产品文案中也屡试不爽。举个例子：2014年北大的宣传片《星空日记》。

在来到北大之前，我已经成功地忘掉了自己的梦想。

五岁。第一次因为梦想挨打。

十六岁，第三十一次因为梦想被嘲笑。

十八岁，母亲去世，家里欠债，大学志愿改报经济专业。

我家里很困难，我长得很困难，我的梦想让人为难。

今天起，

我不会再让人笑我，

北大，会是我的新起点。

……

我努力把自己的生活做成一张全是对勾的表格。

……

我实现了自己的目标，就业中心传来的消息，我在全班第一个获得了国际投资银行的工作邀请。

我不用再担心有人笑我了。

其实，北大原本可以讲述自己是百年老校，出了多少名人。但北大偏偏选择了讲故事。把招生宣传片做成了一个从小梦想摘星星的男孩的日记。很多同学说，这个片子燃起了他们久违的青春活力。里面的故事和一幕幕场景都非常真实，也非常励志，不知不觉自己就被打动了。

但商业文案中的"故事"，没有很大的篇幅供你挥洒，所以要在最短时间内抓人眼球。以褚橙的故事为例。

如果你不认识他，你的父辈一定听说过他。他就是褚时健。

这个昔日的"烟王"是中国改革史上绕不开的人物。

75岁高龄，在经历人生低谷后，他重新出发。

85岁时，他携耕耘10载的"褚橙"回归时代的大舞台。

11年辛苦劳作，当年从湖南引入的普通橙树在哀牢山中脱胎换骨，25万株橙树在2 400亩橙园中葱茏。

如今87岁的他已当之无愧地成为一代"橙王"；他的"褚橙"，也成为被赋予精神内核的甘甜符号。

人生总有起落，精神终可传承。

年已耄耋的褚时健，依旧用行动书写着传奇。

这个文案从三个方面简洁地讲述了褚时健的一生，首先剧情跌宕，昔日烟王，今日橙王，经历人生低谷后重新启航。这样的故事本身就带有传奇色彩，引人入胜。然后是细节解读，"11年辛苦劳作，当年从湖南引入的普通橙树在哀牢山中脱胎换骨，25万株橙树在2 400亩橙园中葱茏。"数字描写让故事更加真实可信。最后是精神传递，"人生总有起落，精神终可传承。"这样的归纳非常有代入感。对不同年龄段还在奋斗路上的人们都是一种激励，令人振奋。

如此一来，褚橙不再是普通的橙子，而是一部老骥伏枥、志在千里的励志创业故事。运用上面的三点，我们可以写出创始人故事、产品故事，让故事长腿自己"跑"起来，成为人们津津乐道的话题，从而将品牌传播更远。

文案的作用是引导，但引导不是误导，更不是吹牛和撒谎。像我们常见的那种"已有8 000 000 000转发了"，最开始出现这种写法的时候还有人信，但现在的作者动不动就来这一套，不但引导不灵，还给消费者留下了不可信的恶劣印象，以后再想挽救就难了。

一个高级的文案手通常需要具备很高的文学修养。我们下面就来看看如何构思一篇短小精悍，情节布局巧妙的故事文案。

一、有的放矢，宣传的内容就是结局

宣传的产品是"小小说"文案的核心。一般来说，文案要宣传的内容无外乎3个方面，即品牌、产品、活动。

从品牌角度来说宣传的内容，一般是可以从知名度、美誉度、满意度和忠诚度4个方面来提升。

从产品角度来看宣传的内容，多集中在对产品的新功能、新技术，新使用方法的宣传。

宣传的内容若是活动，目标则无非是实现流量 KPI（关键绩效指标）或者转化 KPI。

无论要设计的情节如何，内容的这些方面就是结局，是落脚点，我们需要做的是从要宣传的内容倒推故事情节。

二、制造意外结局的方式

结局有了，但如果平铺直叙，就没意思了，我们要的是出人意料。就像日常生活中我们的指头够不到番茄酱的瓶底，按照惯性思维，我们会借助工具——勺子、筷子，但不会有人会想到把手指头做手术加长，这就是意外。

短篇视频《我的僵尸梦》就是幽默反转结局的典型。故事的主人公乔丹每天都在为铲除僵尸做准备，他非常刻苦地磨砺自己杀僵尸的技能。终于有一天，当他从睡梦中醒来，窗外尽是游走的僵尸！

这不就是他梦寐以求的吗？

他压抑着内心的兴奋，像英雄一样在僵尸群中冲锋陷阵，大开杀戒，利落地把他们一个个干掉。

当他为自己自豪的时候，画面一转，镜头一一扫过呆若木鸡的剧组人员，荒诞的剧情瞬间变为弄巧成拙的幽默。

这种反转其实就是一种逆向思考，先不完全否定或完全否定原来的句子，再转到要表达的观点上来。《我的僵尸梦》就是先让主人公不可能的梦想成真，然后反转到他把拍剧本用的僵尸当成真的僵尸，幽默效果尽显。

好看耐读的优秀小小说常常让结尾跳出读者的阅读思维，完全在意料之外，但又在情理之中。小小说的机智构思，非常值得文案人借鉴。

三、确定故事的场景

场景就是故事发生的时间和地点，是过去、现在，还是未来？是家里、公司，还是商超？

根据场景的不同，我们也可以把故事分为不同的类型。

1. 体验型

以产品为例，产品的目的就是给消费者使用，把消费者体验的场景模拟下来，进行情节的创作。比如我们要宣传的是口香糖，那么什么样的人会购买？购买的原因是什么？由此可以想到，见客户的时候怕有口气会买口香糖，和女朋友约会的时候为保持口气清新要买口香糖……然后，就可以根据场景编写体验型的故事。

2. 幻想型

这个不是现实生活中的场景，而是很久以前或者很久以后发生的事情，是幻想出来的。比如，幻想拿着今天的手机穿越到宋朝，是一个什么样的情景。

3. 情怀型

情怀是个好东西，它将一切从世俗拔到了理想、真情的高度，总是能击中人们内心最柔软的地方，进而引起情感上的认可与共鸣。可以通过描写真爱、孝心、梦想、牵挂等来编织情节。

四、优化情节，完善画面

结局和场景确定后，也就意味着整个"小小说"已经有了隐隐的轮廓。可以由此设计多个情节，不断地修改、优化，最后得出最优方案。

我们都喜欢看小说，常常看得不忍释卷，精彩处拍案叫绝。如果我们能用构思小说的方法去构思文案，效果一定不会差。

字谁都会写，但创意可不是谁都有

法国唯物主义哲学家狄德罗曾说："想象，这是一种特质。没有它，一个人既不能成为诗人，也不能成为哲学家、有思想的人、有理性的生物，也就不成其为人。"世界著名物理学家爱因斯坦也曾说："想象力比知识更重要。"对于文案创作者来说，想象力至关重要。一个充满想象力的文案，往往能勾起消费者的好奇心，从而促使其消费。

看到那些"妙不可言"的文案，我们不禁感慨，自己什么时候才能创作出精彩的文案来。我们很清楚，如果只是一味地收集、模仿，并不能真正提升想象力、提高文案创作技能。

那么，到底有没有提升想象力的方法呢？当然有了！接下来我们就分享一些提升"浮想联翩"的能力、增加文案"好奇感"的方法：

一、积累丰富的学识和经验

要写出让人意想不到的文案，一定是以丰富的学识和经验为基础的，一个孤陋寡闻的人是很难产生让人意外的创作的。我们可以将自己的知识储备，根据具体情况加以再创作，然后创作出新的形象。比如，要创造一个"人在天上飞"的场景，有人会在人下边加上云彩，有人则会在人身上加对翅膀，我们要吸收不同的创造方式。

二、要善于把不同种类的表象重新组合，使其形成新的形象

这里建议大家充分运用外感官和内感官：外感官即视觉、听觉、味觉、嗅觉、触觉五感，内感官则是内视觉、内听觉、内感觉。通过外感官，我们的大脑获得外界信息并存储起来，当需要提取和调用这些信息和数据时，就用内感官进行"再造想象"和"创意想象"，多角度去感受外在世界，重组自己的内心世界。

三、要善于把同类对象的普遍特征分离出来，然后重组成新对象

"阿Q"的形象就是鲁迅先生用这种方法想象出来的。阿Q的原型不是一个人，而是嘴在浙江、脸在北京、衣服在山西这样一个拼凑起来的角色。

四、要善于把某一领域的性质扩展到更大的范畴，也就是我们常说的"夸张"

比如，我们见到一个长腿妹妹，怎么形容她的特点呢？"脖子以下全是腿"是不是比"她的腿很长"效果好多了？再比如，一个美容院的广告文案是："请不要同刚刚走出本院的女人调情。"以此类现客户美容前后的巨大变化。

五、一定要关注生活，敢于联想

创作来源于现实，又高于现实。2018年暑期大火的电影《西虹市首富》就给出了一个极富想象力的挑战命题：一个月内如何花光十亿？不能留下任何资产，不能用于慈善或者捐赠，不能买古董名画后将之销毁，只能在法律许可范围内使用这笔钱，这笔钱还必须都花在自己身上。想想花钱也是个技术活呢！快锻炼下你的想象力。

六、消费者震惊的程度越深，越乐意议论、分享

能牢牢抓住消费者眼球的文案，一定是抓住了消费者心中的"震惊"！"震惊"可能是惊喜、惊讶、惊恐这三种情绪中的一种。所有的"震惊"都离不开出乎意料，也就是跟想象中成强烈反差。就像对于普通人挤地铁、吃路边摊，我们不会有什么反应，但某首富之子挤地铁、吃路边摊，也许就上了热搜。再如，突然有一天专家告诉你，你经常吃的某两种食物是相克的，同食的后果非常严重，你会不会被惊着？那么作为文案人，怎样才能让消费者震惊？

1. 违反常态的意外事件

月赚2亿元的他，比月薪5 000元的你更难受。

每月流水50万元，一算居然还赔钱……

2. 脑洞大开的夸张

夸张，离不开文案的脑洞，以一种强烈的表达方式强调和突出事情的某一个特征，会带来强烈的视觉感官效果。

今年二十，明年十八。——某化妆品文案

但夸张不是欺骗、不是扭曲。"飞流直下三千尺"是夸张，"听了这堂课年薪翻5倍"就是欺骗。

3. 段子式的神转折

很多相声和段子手也深谙此道，所以有了冷笑话的效果，让人过目不忘。譬如下面的广告：

暴风雨之后，不仅没看到彩虹，还感冒了。

为什么她不给你的朋友圈点赞？不是她对你的内容不感兴趣，而是她对你不感兴趣。

谢谢那些击倒我的人，躺着好舒服。

他不停地健身，三个月后，他变成了一个爱健身的胖子。

当然我们做文案，最希望的是能给消费者带来惊喜，超出消费者期望值。常见的优惠活动就是这个销售逻辑。"平时599，限时特惠只需399！"超市做活动时，把商品原价写出来再划掉，就是为了给消费者一个占了便宜的惊喜效果。

阳春白雪可能让人敬而远之

这两年文案圈里掀起了一股"接地气"的潮流，随便跟一个营销人聊起来，对方都能给你讲半天的文案就被称为"自嗨型"，被很多人批得一无是处。举个简单例子，"把1 000首歌装进口袋"，这是乔布斯时期iPod的文案，消费者思维没错，画面感、场景感都没错，很具体地说出了消费者利益。那小米的文案"为发烧而生"算是"自嗨型"文案吗？这样的表述效果就一定差吗？

再比如，之前朋友圈有一篇比较火的文章，名为《为什么你会写自嗨型文案》。该内容主要说写文案的人经常站在"我"的角度去写一段冷冰冰的"官话"，比如耳机质量好是"生生震撼，激发梦想"；笔记本噪音低是"创想极致，静心由我"；工作辛苦不如旅行则是"乐享生活，畅意人生"……如果我们把产品的特点去掉直接看文案，你知道它在说什么吗？而这就是所谓的"自嗨文案"。

"时尚会过去，但风格永存；想要无可取代，就必须时刻与众不同"，这样高端范儿的文案在今天就该全部摒弃了吗？很多文案人都在迷茫：高大上还是接地气，到底该如何选？

其实大多数时候，我们都误解了"高大上"一词，也曲解了消费者。我们可能经常遇到这样的客户，动辄就跟我们说："我们的品牌包装，要做得高大上啊。""意思对了，再大气点""感觉有了，还是要再大气一点"。大气真是文案创作者的噩梦！

老板眼中的大气文案一般是指什么呢？下面这种是曾被认为"高端大气、气势磅礴"的地产文案：

收藏世界的仰望，

响应世界的呼唤，

成就动容世界的伟力，

感触前所未有的非凡，

领略从未触及的震撼。

活脱脱把文案创作者逼成了诗人。事实证明，很多时候，这样的高大上都是老板一个人的狂欢。这些经常写高档别墅楼书的文案创作者，还可能蜗居在几十平方米的合租房里，他们怎么能准确地告诉别人别墅住起来如何舒适？他们写出来的文字又有多少真切体会？不过是华丽辞藻的堆砌罢了，苍白无力。那么这些空洞的词真的能在消费者心中产生"震撼"吗？

很少有消费者愿意为一篇华丽而空洞的诗买单。潘石屹曾在微博上截取了航空杂志上的两篇平面广告，提出关于广告文案的一个尖锐的问题：广告词都是大而空，文案就不能写得平实一些、有趣一些吗？

而真正的好文案，不管是"起范儿"的高大上风，还是平实接地气风，它本身是有思想、有风骨的；不在于用了多少成语诗句，不在于文字是否优美，而在于将品牌、产品与文案表达融为一体，面向目标消费者群体准确输出，并且独具特色。

当"滴滴打车"的消费者份额高达74.1%，超过第二名1.48倍时，聪明的滴滴并没有设计出"滴滴消费者份额高达74.1%"这样的文字，而是换了一种更为具象的表达方式，即"四个小伙伴，三个用滴滴"。

它用四格漫画手法，选用一些经典的人物形象，如金庸小说中的南帝北丐东邪西毒、西游记师徒四人等，做了一系列广告，让人在诙谐有趣的阅读过程中，加深对滴滴的记忆。

根据意大利经济学家帕累托提出的"二八定律"，过去很多企业的市场经营都选择把精力放在80%消费者购买的20%的主流商品上，着力维护购买其80%商品的20%的主流消费者。但在互联网时代，企业却开始奉行"捡芝麻"的方式，去争取更广大的消费者群体。

几种核心消费者群体发生了改变，那么文案的写作手法和风格也必须有所调整。不能一味"端着",而是要直接说出重点和痛点,语言风格也要为大众所喜闻乐见。简单来说,就是要"接地气"。

比如"滴滴的消费者份额高达71.4%"和"四个小伙伴,三个用滴滴"之间的区别。再看看各大互联网公司的产品广告文案:"淘!我喜欢""QQ邮箱,常联系""百度一下,你就知道"……

因此,一个优秀的文案手需要站在消费者的角度去写一段接地气的文字,而不是只知道表现文字的华美,把本来朴实无华的表达写得更加有修辞、对称。比如同样是表达耳机音质好,如果用"犹如置身音乐会的现场"来表达,将会使之更加充满画面感,语言简单,却能直指人心。

一个好的文案从业者,也是有能力根据产品属性和定位切换不同风格的。风格没有对错,只有适合。

下一次,当老板或客户提出"大气"时,不妨考虑下,大气这个词可以转化为哪些具体实在的方面?看看能不能找到真正可圈可点的竞争力,而不是本能地去抗拒"大气",或者用几个空洞的形容词去敷衍。

"接地气"不等于枯涩无味,通俗也不等于恶俗。文字如美人,优美的措辞才能让人们的目光有兴趣停留。如果一个文案的用词平淡乏味,就相当于长着一张毫无特色的大众脸,让人看了第一句就想走开,没有兴趣看第二句。这无疑是失败的文案,再多的卖点都没有机会展示。

谁都不可否认,文笔是文案创作者的基本功。有人写的东西就能让人如沐春风,看得津津有味,有人则不行。这就是人们常说的对文字的"驾驭能力"。那么怎样让文案有趣起来呢?下面的内容会详细讲解比较容易打造有趣文案的几个方法。

金龙鱼曾经在微博上发起过一个"助力中国美食申遗"的活动,把几道经典菜写得活色生香。

广式烤鸭

我是一只鸭,

看似一只在田间肆意蹦跶的丑小鸭。

第三章 文案的价值体现在哪？——内容！

事实上我养精蓄锐，静候伯乐的出现。

任凭他一双巧手在我体内、外皮上，

涂抹料酒、麦芽糖、姜葱、花椒粉。

他们将在我细腻的肌理间进行绝妙的化学反应。

一次迷醉的SPA后，

作为一只有理想的鸭我必须投身熊熊燃烧的事业，

化身餐桌上的黄金斗士，

在你的嘴唇间开展一场颠覆味蕾的革命，

最终成为一只喷香的广式烤鸭，

走上鸭生巅峰。

静候伯乐的鸭、迷醉的SPA、鸭生巅峰，这些拟人化的写法，就是让文案"活"起来的第一绝招。这招只要模仿就可以做到，你可以写"有骨气的牛仔裤""等待翻身的牛排""羞红脸的水蜜桃""一块钢板的艺术之旅"……总之，把小学语文老师教的看家本领用起来吧。

前文讲到过如何调动消费者的情绪，这部分就从文字的角度讲述怎样调动消费者情绪。那就是，让字里行间饱含情意。看看这则巧克力文案：

爱情就像巧克力，甜中带点苦味，

慢慢融入心里，离不开，忘不掉……

再放一则万科地产的文案，也是深情款款，"低调奢华接地气"：

卸下你心里的围墙，你会发现生活的原味。

不管竞争和戒备在哪里蔓延，

你也无须把自己关闭。

我们深知和谐的人际环境将改变你的生活，

唤醒你深藏内心的美好向往。

多年来我们精心构筑和谐互动的人际交往平台，

潜移默化地塑造了一个个情感浓郁氛围亲和的社区，

正如你之所见。

要做到这个也不难，把你的产品与亲情、爱情、邻里情等联系起来，表达出怀旧、思念、向往等情愫就可以了。

前面讲到过，要勾勒出画面感文案——文案中极端具象化的场景化描述不仅能让消费者增强信任感，也能直接刺激消费者的消费欲望。举两个美食的文案感受一下：

咬住，别让爆浆流出来。

500多年历史的甜点公主，

酒窝被作为庆祝的压轴点心。

一口咬下，润香的奶在口中摊开。

有经典奶油，栗子原乡和榴梿三种口味。

——甜点

面包中带有南瓜独有的香味，

忍不住咬上一口，

南瓜的馅顺势流出来，

软糯的南瓜瞬间充斥整个口腔。

——南瓜爆浆餐包

很久以前，美国营销大师爱玛·赫伊拉曾说："不要卖牛排，要卖牛排的滋滋声。"写产品文案的时候，要调动视觉、嗅觉、味觉、感觉所有的感官，描述出一幅活色生香的使用场景，让消费者看后仿佛身临其境。写完后，你可以给周围人看看，是否看到你的文案后，读者就会自行脑补出一幅画面？

秋刀鱼的滋味，猫跟你都想了解。——周杰伦《七里香》

将比喻、夸张（不是欺骗）、谐音、类比、网络用语等运用到文案中，都会让你的文案妙趣横生。"笑出腹肌""甜过初恋"，这样的表达，短短的文字蕴含无限能量，让人无法拒绝。还有京东"双十一"的文案："五折天，来狠的！"

第三章 文案的价值体现在哪？——内容！

文案的目的是营销，重点在于让人记住，以实现产品的传播效应，完成说服消费者的任务。所以，文案手使用的语言要"去抽象化"，简单来说，就是"接地气"。那么，我们要如何才能写出"接地气"式的文案呢？

一、到农村去，千万别"装"

我们先来看看各个"高大上"的互联网公司在农村刷的墙报："要销路，找百度""村淘好品质，路遥知马力""发家致富靠劳动，勤俭持家靠京东"……先不说这些文案能够切中农村消费者的痛点，但至少它们的语言足够"接地气"，通俗易懂，一目了然。

可能有人会觉得，过于简单直白的话难道不会显得很俗吗？这里我们要明白一点，刷墙报是互联网巨头们为了抢占农村市场而做出的有针对性的举措，要是把自己装得太过"高大上"，写出"创想文字，助力登封"这样的文案，谁知道你是什么意思？

就连大卫·奥格威也曾特意说过："当投稿人想要用一些深奥的词汇和我讨论时，我会对他们说，坐上公交车去艾奥瓦州，到一个农场住一个星期，和农民聊天，然后坐车回纽约，和车厢的乘客交谈，如果你还想用这些词语的话，我也不拦你了。"

所以，当作为文案手的我们在面对广大普通消费者，依然忍不住想写华丽的文案时，不妨也到农村去和农民交谈一番，再去看看那些墙报。比如"吃穿住行上淘宝，价格公道牌子好""卖给城里人加价，卖给乡亲们打折""捷豹你都有，全村跟你走"……

二、避免用术语

大多数消费者并不会使用专业语言，所以，术语的存在不仅会让读者看不懂，还会模糊需要传递的信息。因此，使用术语要遵循两个原则：

1.除非95%以上的读者都能明白，否则不要使用。如果非用不可，就需要在文案中解释术语意思。

2.除非术语能精准传达我们要的意思，否则不要使用。比如"花同样的钱，买来更时尚的潮品"。什么样的产品是"更时尚"的？什么样的产品才能被称为"潮品"？消费者无法分辨，那不妨直接写成："为什么有的人每个月花5万块钱买衣服，仍然看起来很土？"

像这种通过指出生活中的矛盾现象，找到原有文案的对立面，然后利用这种反差来引发别人的好奇，可以让文案内容更加引人入胜。

另外，在跟人聊天的时候，每个人更关注的人都是自己，文案手就利用这一点，站在消费者的角度上完成自己的文案。比如："看看你现在的包包，问自己三个问题：它真的适合你吗？它真的适合你吗？它真的适合你吗？觉得不够时尚，找不到最合适的那一款？"

模仿，站在巨人的肩膀上

所有的书籍都有参考资料，再厉害的人，也免不了站在巨人的肩膀上。就好比你要想发明一种智能电灯，只要在现有电灯的基础上再做进一步的改良和升级就可以了，没有必要把爱迪生做过的1 000次实验再重复做一遍。文案也可以参考前辈，在经典文案的基础上再加工，能在很大程度节省试错成本。

走红的京东广告文案《不必成功》，用的就是"不必"体，韵律感很强，给人印象深刻。

你不必把这杯酒干了，

你不必放弃玩音乐，

你不必改变自己，

你不必背负那么多，

你不必成功。

看完后感觉似曾相识，后来终于发现，耐克的经典文案《不必再等四年》，用的就是这个句式：

不必为了荣誉，

不必为了出名，

也不必为了秀给男生看，

不必为了引人注目，

不必做得很完美，

不是非得学谁的样子，

不必走老套路……

再往前翻，2013年科比复出的时候，耐克的经典文案《卷土重来》，早已开创了"不必"体：

他不必再搏一枚总冠军戒指，

他不必在打破 30 000 分纪录后还拼上一切，

他不必连续 9 场比赛都独揽 40 多分……

翻新了几次的文案，加入新的元素，照样亮点突出，实力走心，吸睛无数。无疑，这一次次的改良都是成功的，从"他不必"到"你不必"，将偶像在赛场上的辉煌历程，改成每个苦苦挣扎的小人物在奋斗过程中的日常经历，共鸣感更胜一筹。

从这个角度看，"抄"文案可耻吗？并不！如果带着脑子抄，节省了时间，提高了工作效率，也是一大明智之举！

一、模仿句式

很多优秀的金句文案，都有一个好句式，朗朗上口，让人过目不忘，还能广为流传。看到这样的金句，在爱不释手的同时，也跟着写起来吧，现在就开始！把所有的名人名言、俗话谚语、经典广告语，都变成你所在行业的文案！

1. 再小的个体，也有自己的品牌。

——微信公众平台

模仿：

再平凡的女孩，都有追求幸福的权利。

——婚庆行业 / 交友网站

2. 哪有什么天生如此，只是我们天天坚持。

——Keep（健身产品）

模仿：

哪有什么天生丽质，只是我们天天坚持。

——××护肤品

3. 看够了生活的脸色，用口红回敬一点颜色。

——美图美妆

模仿：

学会把岁月的风霜，变成梳妆台上的眼霜。

——××眼霜

4. 世界上只有两种人，一种是行动者，一种是观望者。

——托尔斯泰

模仿：

世上只有两种女人，一种是美女，一种是不愿投资形象的女人。

——服装店

5. 小孩子才分对错，大人只看利弊。

——电影《后会有期》

模仿：

小孩才看文笔，大人只看思维。

——文案课程

6. 三分天注定，七分靠打拼。

模仿：

三分天注定，七分靠shopping（购物）。

——购物商城

7. 你负责挣钱养家，我负责貌美如花。

模仿：

你负责微笑，我负责拍照。

——××影楼

8. 只要心中有海，哪里都是马尔代夫。

模仿：

只要心中有爱，每天都是情人节。

——情人节礼品店

9. 只要你知道去哪里，全世界都会为你让路。

模仿：

只要你渴望变美，全世界都会为你沉醉。

——美图软件

10.20 岁不会做梦的人，30 岁都在帮别人圆梦。

——地产广告

模仿：

20 岁放弃形象的女人，30 岁还在单身。

——形象设计中心

11. 别说你爬过的山，只有早高峰。

——MINI（汽车品牌）

模仿：

别说你见过最好看的自己，只在美图秀秀里。

——彩妆品牌

12. 世间所有的内向，都是聊错了对象。

——陌陌

模仿：

世间所有不美的脸型，都是选错了发型。

——美发店

13. 没人上街，不一定没人逛街。

——天猫

模仿：

没有资历，不一定没有能力。

——应届生招聘网站

14. 别人问我飞得高不高，只有她，问我飞得累不累。

——QQ 邮箱母亲节

模仿：

别人只看我长得美不美，只有××，让我要多美有多美。

——彩妆品牌

15.office 不用太大，装得下梦想就好。

——某办公室租赁广告

模仿：

家不用太大，装得下爱就好。

——小户型广告

16.与其在别处仰望，不如在这里并肩。

——腾讯微博

模仿：

与其在别处单恋，不如来这里约会。

——相亲交友网站

17.唯有美食与爱不可辜负。

——下厨房

模仿：

唯有青春与爱不可辜负。

——××护肤品

18.伟大的反义词不是失败，而是不去拼。

——Nike

模仿：

美丽的反义词不是丑，而是放弃形象。

——形象设计中心

19.就算你衣食无忧，也觉得你处处需要照顾。

——丸美眼霜

模仿：

就算你天生丽质，也依然需要悉心呵护。

——××护肤品

20.每个认真生活的人，都值得被认真对待。

——蚂蚁金服

模仿：

每一个爱美的女人，都值得被岁月温柔以待。

——××护肤品

是不是很简单？类似这样富有节奏感的、值得模仿的经典句式，只要我们平时注意收集，需要用的时候就会信手拈来，时间长了，你也可以成为金句达人。

二、模仿感觉

如果说模仿句式是入门级模仿，那模仿感觉就是比较高级的借鉴了。还是以长城葡萄酒的经典文案为例：

《三毫米的旅程，一颗好葡萄要走十年》

三毫米，

瓶壁外面到里面的距离。

不是每颗葡萄，

都有资格踏上这三毫米的旅程。

它必是葡园中的贵族，

占据区区几平方公里的沙砾土地，

坡地的方位像为它精心计量过，

刚好能迎上远道而来的季风。

它小时候，没遇到一场霜冻和冷雨；

旺盛的青春期，碰上十几年最好的太阳；

临近成熟，没有雨水冲淡它酝酿已久的糖分；

甚至山雀也从未打它的主意。

摘了三十五年葡萄的老工人，

耐心地等到糖分和酸度完全平衡的一刻，

才把它摘下；

酒庄里德高望重的酿酒师，

每个环节都要亲手控制,小心翼翼。
而现在,一切光环都被隔绝在外。
黑暗、潮湿的地窖里,
葡萄要完成最后三毫米的推进。
天堂并非遥不可及,再走十年而已。

有人说,长城葡萄酒的这则文案有模仿左岸咖啡馆文案调性的嫌疑。对,就是下面这则让左岸咖啡馆在 1998 年卖了 400 万美元的艺术气息浓厚的文案:

《他带着微笑离开佛罗伦萨》
在巴黎,
微笑可以用法语发音,
他说微笑的名字叫作,
蒙娜丽莎。
即使在安静的咖啡馆中,
那笑,
是无声的,
一杯昂列,
让周边有了热络的氛围,
足以让歌手们、乐师门、丑角们,
都为这一刻活了。
我看着他,
与他相视一笑,
这是 1516 年,
他带着蒙娜丽莎的微笑来到法国。
他是达·芬奇,
我们都是旅人,

相遇见在左岸咖啡馆。

长城葡萄酒的文案完全没有抄袭的痕迹，却巧妙沿袭了左岸咖啡馆文案的感觉，同样是充满情怀的故事、引人入胜的细节和娓娓道来的、个性鲜明的语调。

风趣幽默的、小资文艺的、高冷傲娇的、阳光正能量的……凡是这种看了让人印象深刻，有着鲜明个性的文案，都可以模仿试试。因为它能红，能成为经典，说明它符合很大一部分人群的喜好。

第三章 文案的价值体现在哪？——内容！

丰富的知识储备是你的后盾

每个人都有自己的知识体系，它来源于你生活中的方方面面，并随着年岁的增加、阅历的增长而不断完善。

有些人的知识体系就是一堆乱麻，完全没有经过梳理和整合，只是一味地被动吸收。而一个出色的文案创作者一定是知识体系构建的高手，他的脑袋里会有一个"知识网络"，里面有"中心"，即关于某方面知识的总称；有"分类"，即围绕中心展开的多个分组；然后是枝叶，即和主干相关联的内容。当然，出色的文案创作者还敢于打破结构，因为知识不是一成不变的，学习到新的东西，一定要对之前的知识网络进行更新，以纠正自己知识体系的片面性。

这些具有自身特定标签的知识体系中的知识，可以分为一般性知识和特殊性知识，它们相辅相成，共同为文案提供"养分"。而其中的特殊性知识，有着举足轻重的影响力。哪怕一篇文案中80%的内容都是一般性知识，但偏偏那20%的特殊性知识融入之后，经过文案创作者独具匠心地提炼，就能够成就一个红遍大江南北、线上线下的绝妙文案。

对于吃，中国人有太多的话要说，古代是"民以食为天"，现代各种关于吃的文案也层出不穷。"天若有情天亦老，葡式蛋挞配汉堡""小楼昨夜又东风，铁板烤肉加洋葱""君问归期未有期，红烧茄子黄焖鸡""落红不是无情物，布丁杧果西米露"……这些文案虽算不上经典，但改编大众耳熟能详的古诗词，也能让文案读起来朗朗上口，妙趣横生。

下面再来看两个关于"吃"的纪录片中的文案，以便更加直观地学习如何把一般性知识与特殊性知识完美融合成一个好文案。

说到这里，想必大家都会想到《舌尖上的中国》，令人垂涎欲滴的美食配上接地气的旁白和轻快的音乐，隔着屏幕，我们似乎都能闻到那些佳肴的香气，而美食背后的故事和情感，更是触动灵魂，让我们泪水与口水齐飞。

有一千双手，就有一千种味道。中国烹饪无比神秘，难以复制。从深山到闹市，厨艺的传授仍然遵循口耳相传、心领神会的传统方式。祖先的智慧、家族的秘密、师徒的心诀、食客的领悟，美味的每一个瞬间，无不用心创造。

这是摘自《舌尖上的中国Ⅱ》第二集《心传》中的部分文案。中国烹饪、深山、闹市、祖先、家族、师徒、食客、美味，描述的都是一般的生活场景，但将这些措辞组合到一起，就营造出了一种唯美的意境，不紧不慢地述说，给通篇定下了"悠闲地品味祖传美食"的基调。

美味的前世是如画的美景。清明，正是油菜花开的时节。富塬村唯一的油坊主程亚忠，和其他中国人一样，在这一天祭拜祖先。油坊的劳作决定全村人的口福。中国人相信，万事顺遂，是因为祖先的庇佑。田边的邂逅，对同村的程苟仍来说，意味着用不了多久就能吃到新榨的菜籽油。清晨，春雨的湿气渐渐蒸发，接下来会是连续的晴天，这是收割菜籽的最好时机。5天充足的阳光，使荚壳干燥变脆，脱粒变得轻而易举。菜籽的植物生涯已经结束，接下来它要开始一段奇幻的旅行。

这样的描述，着实出彩！"美味的前世""脱粒变得轻而易举""植物生涯已经结束"，这些让人拍案叫绝的组合赋予了菜籽生命力；"万事顺遂，是因为祖先的庇佑"增添了中国传统文化的元素；"春雨的湿气渐渐蒸发，接下来会是连续的晴天"又融入气象常识，使得情境活灵活现。没有大量基础知识的储备和特殊的思维角度，是无论如何也写不出这样美的文案的。

同为饮食题材的纪录片，2018年暑期，《人生一串》成为纪录片中最大的黑马，上线3天，播放量过千万。

《人生一串》的风格与《日食记》这类治愈系、精致系的美食片子截然不同。它就像一个穿拖鞋撸串儿的糙老爷们儿，突然闯进一群精致

第三章 文案的价值体现在哪？——内容！

生活的小资中，特接地气，特有烟火味儿，又夹杂着江湖气息。之所以会产生这样迥异的观感，片中的文案功不可没。

夜幕降临，人们开始渴望美好而放松的一餐。从炕头小酒到酒店大餐，这个庞大的选择谱系里，很多人钟情于街头巷尾、市井里弄，只有这个环境配得上他们想吃出点儿境界的企图。大家其实很懂生活，没了烟火气，人生就是一段孤独的旅程。这话简直就是为烧烤量身定制的。

第一集的开场文案就触动了我们的神经，不仅交代了烧烤的产生，而且把"撸串"这件事情升华了——吃烧烤等同于懂生活。本来一件接地气的事情，一下就变成了一个标榜自己品位的选择。

串，是中国烧烤的基本形态。肉，则是人类烧烤的共同主题。长夜漫漫，我们即将看到烧烤摊上的王者——肉的传奇。

这句话用了很多高段位的词汇，如"中国""人类""王者""传奇"等，这几个词一下就把平淡的夜市烤串变成了食神眼里的烧烤江湖。

由此，从某种程度上来说，我们可以把特殊性知识定位为一种能力，一种关于艺术、审美、洞察、联想的能力，并且可以将这种能力叠加于基础性知识之上，这样发酵而出的文案会更加抓人眼球。

近年来，沉浸式体验项目（能让人沉浸其中，忘记自己、忘记时间的体验项目）大火，但你听说过文案也有沉浸式的吗？《人生一串》将沉浸式文案发挥得淋漓尽致。

啃羊蹄儿的时候，你最好放弃矜持，变成一个被饥饿冲昏头脑的纯粹的人。皮的滋味、筋的弹性，烤的焦香、卤的回甜，会让你忘记整个世界，眼里只有一条连骨的大筋，旋转、跳跃，逼着你一口撕扯下来，狠狠咀嚼。再灌下整杯冰啤，"嗝~舒服"，剩下一条光溜溜的骨头，才能最终心静如水。

这样出彩的文案不仅在于知识体系的构建，更得益于逻辑和独特的思维角度，难怪网友评价"这文案的创作者绝对是个鬼才""这节目一半靠文案"。

你是否也想写出这样让人赞不绝口的文案？你是否也想构建一般性知识和特殊性知识的完美比例？如果你的答案是肯定的，就要先做到以下四件事情：

一、构建完善的知识体系

想要构建完善的知识体系，首先要明白什么是知识体系。具体来说，知识体系是指高度有序的知识集合，由大量的知识点、有序的结构两个部分组成，是与碎片知识相对应的概念。

明白了概念，接下来就是实现知识的体系化。在这里，建议大家从三个层次切入：通识、应用和资讯。基本上所有知识都可以粗略地分到这三大类别之中。

所谓通识，就是历史学、心理学、社会学、经济学、广告学、哲学等各领域知识体系的根基，这些看似枯燥乏味的知识在你的文案创作过程中可能发挥着重要作用。

如果说通识是组成知识系统的原材料，那么应用就是使这些原材料发光、构建有序结构的途径。应用是针对个人目的，采取问题导向的思考方式，激发和活化所学到的知识的过程。

例如，学习文案写作，需要掌握大量的基础知识、工具和方法。在掌握这些内容之后，我们不能一味照搬，而是要看你需要解决什么问题，然后再从这些内容中选取精华并重新组织，演化出一套适合产品的文案撰写方法。

这样，我们才能赋予所学知识以意义和价值，就像地图不是放在那里积灰，而是用来指引道路一样。通识和应用构成了知识系统的绝大部分，其余的就是资讯。

这里的"资讯"有两个概念：其中一个是相对于"通识"和"应用"而言的"更新"，知识体系不是静止的，任何领域的知识都在不断更新和修正，所以我们需要及时关注前沿成果，更新知识储备；另一个概念则是"热点"，追热点似乎是所有文案人必备的一项技能，追得巧妙可以让我们的文案插上"翅膀",飞向广大的消费群体。

构建知识体系是一个长期的、繁杂的、系统的工程,人们的年龄阶段、经历阅历、身处社会环境的不同,会造成知识体系更新速度的不同,但越是独特的、充盈的知识体系,越有可能让你在竞争之中脱颖而出。

二、路径大搜罗——我们从哪儿学

在构建知识体系的路途上,明确知识体系的框架之后,就可以去搜寻获取知识和信息的渠道了。

就大范围来说,我们可以通过各大浏览器、各大咨询公司官方网站的数据库以及微博、公众号、书籍、杂志等按图索骥充实大脑,用禁得起推敲的理论与实践方法去获得灵感和启发。如果是更加具体的文案撰写,则需紧随业界大咖的脚步,通过线上线下各种平台去学习,指导实践。对此,我们可以关注一些业内网站或个人网页,如:虎嗅网、梅花网、数英网、4A广告门、休克文案等。

三、借力工具,整理库存

当然,知识体系的构建并不是光靠脑子的。俗话说得好,"好记性不如烂笔头",把知识体系"形体化",不仅可以加深记忆,还可以时不时拿出来"温故而知新"。

我们前面已经罗列了主题和路径,接下来就可以按照逻辑和层次,分出尽量详细的项目类别了。这期间既可以用手写笔记的形式整理,也可以利用有道云笔记、印象笔记、为知笔记等软件,这些都是不错的选择。你可以根据自己的知识体系框架,建立一些"笔记本",用独属于自己的"知识项目"来命名,然后把你的知识点按照名称归纳进相应的目录中。值得一说的是,近些年大热的"手账"笔记,也是很不错的选择,如果你喜欢手绘,那么建立知识思维导图将会事半功倍。

当然,整合的过程绝不是一蹴而就的,你一定会发现最初的框架和提纲是不完善的,分类是有问题的,没关系,只要你及时调整即可。

如果你发现自己的知识体系出现了漏洞,也无须太担心,这是好事,说明你正走在成长的路上。

四、养成输出习惯

一定要相信这个观点：输出是最好的内化方式。通常有人会问如何更好地记住一个知识点。答案其实很简单，用自己的语言将它表达出来，说给别人听。

我们每天都在刷朋友圈，看新闻，看视频，看公众号……这些都是输入，而这些输入真正被纳入自己的知识体系，为己所用的又有多少？可能5%都不到吧。输出的过程就是把输入的东西转化成自己的能量的过程，就是巩固知识体系的过程。你不输出，输入的东西就只是看着好看，却无法用。

建议你每天抽出一小时，把当天的"输入"进行整合和提炼，如果能把这些"总结"放到个人网页上，那就再好不过了。这样深入思考、归纳总结的输出方式，必定会让你的知识体系"枝繁叶茂"。

第四章　如何从初出茅庐到炉火纯青

在热点中突出卖点

有段时间,"旅行青蛙"特别火,各大品牌纷纷出来蹭热点。

汉堡王:再也不用担心我的呱出门饿肚子了。

某品牌空调:不管你旅行到哪里,温暖一直在家里。

"热点"的最大作用是刺激神经,好比你经常吃得清汤寡水,突然有个朋友请你吃一桌海鲜大餐,是不是瞬间很兴奋、很激动?

但如果很多个朋友每天都请你吃大餐,你会不会腻,会不会烦,会不会拒绝?热点也是这个道理。

热点可以蹭吗?当然可以。看看每一次热点事件,都会出很多"10万+"阅读量的爆文,就说明借势于行业热点、社会热点,是一种必要的营销技巧。当大家都在关注一件事情时,你的发声也更加容易被关注。但是蹭热点不可盲目,以下几点需要注意:

一、三观要正

如果是节日类、赛事类、娱乐类、行业类这样的新闻,那就尽管放心大胆地蹭吧,皆大欢喜。如果是时政类、灾难类、负面类的热点,对于品牌而言,就需要谨慎了。因为你的发文都要表达自己的观点,那么这些观点在大众眼中就代表了品牌的态度和价值观,一旦出现三观不正、无原则、无底线的发声,就会赚了流量,失了民心,对后期的推广很不利。

比如几年前长春婴儿事件后,某4S店借此话题发微博,声称买车要选更高科技的品牌,瞬间万人转发,但最终影响不好,删文又道歉。

从营销角度讲,这个热点蹭得可以说是赚足了眼球,产品优势和热点也结合得很棒。但是,看看评论区网友们的态度吧,一致声讨"哗众取宠真的有点Low(低端),不要以为这文案会提高销售业绩"。

也许该微博运营者还为蹭了这样一个"大热点"引起轰动引以为傲,

甚至不少营销人也将此当作成功案例，却没有意识到如此追热点给企业形象带来的负面影响。

如果站在老板的角度反思一下：曝光度提升后，你的品牌销量提高了吗？这样三观不正的企业宣传，已经戳中了消费者的底线，消费者会拥护吗？

如果你是企业文案人，比较聪明的做法是，蹭热度前先看看大众的反应吧！个人自媒体可以在观点上标新立异，提出"异见"，而做企业宣传带着营销目的，首要任务就是与消费者保持统一战线，所以最常用的办法还是用主流观点去解析事件。

二、节点要准

热点总是来得猝不及防！有个段子说营销人都是半夜起来蹭热点的，不管你在吃饭还是睡觉，热点一出就得抛下一切。那么你的速度足够快吗？你能快速写出一篇热点爆文吗？你能在短时间内找到合适的切入点吗？对于这类突发热点来说，速度越快越好，错过了事件发生的黄金24小时，也许效果就会差很多。

也有一些非突发性热点，比如一部热播电视剧，要播很长时间，不同的进度阶段都有不同的热点可以蹭，营销人一定要把握这个节点。

如果你卖一个化妆品的品牌，你蹭热度说，电视剧里让人恨之入骨的反面角色使用的化妆品就是你们公司的品牌。这个时候流量是带来了，但也会被骂声淹没。电视剧中人物的负面印象可能也会被大众顺带嫁接到你的产品和品牌上，给品牌造成名誉上的损失。

因此在大流量的诱惑下，一定不要激动，要保持清醒的头脑，多问自己，怎么追热点？在哪个节点追？能不能找到合适的点，通过蹭热度增加品牌的知名度或美誉度，甚至直接促成销量上升？

每次热点一出，就有成千上万的营销人去哄抢，觉得借势也许会让自己的产品大火。但实际上，大多数的蹭热点都变成了品牌去迎合热点，帮助热点继续放大，反而让人们忽略了"品牌"本身。

2017年有一部很火的电影叫《摔跤吧！爸爸》，票房居高不下，一时间借势文案满天飞。但是，只是借势蹭蹭热度就完了吗？如果你是个人号，除了求点赞外没有其他目的，大可以写写"《摔跤吧！爸爸》被删掉的爱国精神"这样的文章，抒发一下爱国情操也就完事了。但如果你是商家，或者是每月拿薪酬的文案人，请别忘了，你的目的是销售！再不济，也是推广你的品牌和项目。所以，要从品牌出发，找准视角再发声，把你想传达的内容牢牢锁进消费者的心智中。

如果你做的是少儿培训教育，你可以写：

《摔跤吧！爸爸》：做一个帮孩子实现梦想的家长。

《摔跤吧！爸爸》：爱孩子，就给她面对全世界的勇气。

如果你做的是个人成长类项目，你可以写：

《摔跤吧！爸爸》：现在的努力是为了将来有更多选择的权利。

《摔跤吧！爸爸》：梦想属于一类人。

《摔跤吧！爸爸》：从出生到死亡，你的人生就是场摔跤赛。

《摔跤吧！爸爸》：成功之前，谁不是一路被人看不起？

如果你想售卖营销类培训课程，你可以写：

《摔跤吧！爸爸》：11亿票房背后的口碑营销策略。

细数《摔跤吧！爸爸》的营销方法。

而如果你是为健身房做广告，也可以找到贴合自己品牌的视角：

体脂率从37%减到9%，《摔跤吧！爸爸》教你健身的真谛。

比摔跤更有效的健身法。

看看！1 000个人眼中有1 000个《摔跤吧！爸爸》，出发点不同，你所要唤起的消费者需求不同。因此你需要把消费者引到你想向他传播的产品或服务上来。

你可以学其他文案借势营销，却不可以盲目模仿其他文案的调性。试想，你公司品牌的文案，向来是这样的风格：

秋天已见夏天的尾巴，

气温每天都下跌一个拥抱的温度。

突然有一天，你的文案画风变了，品牌还是那个品牌吗？原来的粉丝会买账吗？

最好的做法是，选择符合品牌一贯主张的热点去蹭，让"热点"本身也变成品牌的一个载体，来承载原本就有的品牌文化。千万别被热点带偏，也别被别人的成功带偏。让热点将不符合品牌的调性煽出来，无异于丧失了品牌的个性，让人感觉张冠李戴。别忘了，当初你是因为什么被你的消费者选择的。

前戏要做足,痛点才找得准

痛点是一切营销的撬动点,有痛点就有市场。曾经看过这样一个小故事:如果你想让猴子往前跑,有两种方法:一是拿着香蕉在前面吸引它;二是拿一串鞭炮在猴子屁股后面燃放。

不用多说,肯定是第二种有效。同样地,人们逃离痛苦的动力远远大于追求快乐的动力。可见挖掘消费者痛点才是文案写作出效果的关键。文案在没有挖出消费者痛点之前,心急火燎地讲一大堆产品和服务优势,只会让消费者反感,或者无关痛痒。

消费者痛点,就是要找出让消费者抱怨、不满,让消费者感到麻烦、不解决问题就如坐针毡的一个点。简单地说,人们的痛点大多出于恐惧。而恐惧是由于未知和不确定性。

比如,女性怕失去美丽,所以会消费护肤品;人们怕失去健康,于是健身、养生成为潮流;人们对未来感到迷茫和恐慌,成就了微信公众号上一大批"鸡汤";人们怕上火,所以喝加多宝。

很多我们以为的痛点,实际上并不是真正的痛点,或者说,不是最高级别的痛点。举个例子,我们通常以为女性生育的痛点是分娩的剧痛,据说可以达到12级(最高级别的疼痛),但实际上,我身边绝大多数的孕妇、产妇对生育的忧虑却不在于此。大家更多谈论的、担心的,是怀孕后身材走样、皮肤变差、事业耽搁、家庭负担变重。

不信,你问问那些不想生二胎的女性朋友就知道了。80%以上的人不会提到分娩的疼痛,因为那只是几个小时的事情,过去就过去了,而身材走样、皮肤变差、事业耽搁、家庭负担变重这些痛点,会伴随她们很长一段时间。

比如,就有专家列出过北上广白领的周期式痛点如下:

1. 压力。经济压力、求偶压力、成功压力。

2. 争权。子女自主权、员工话语权。

3. 反抗不公平。反抗资历大于能力、反抗唯结果论、反抗关系论。

4. 中年危机。诸如"随手携带保温杯""秃顶的'90后'"等略带沧桑的话题。

人性都是"记吃不记打""不见棺材不落泪"的。真正的痛点，是那种周期性的阵痛，甚至一触碰就痛的点。所以，得出结论：痛点必须是高频率的。

我们做文案，需要根据消费者画像挖掘消费者痛点。但找到最高级别的消费者痛点，说起来容易，真正操作起来却是非常不容易的。

比如很多烧烤店都打着"健康"牌，但健康真的是消费者选择去你店里吃烧烤时考量的第一因素吗？非也！我问过很多人，他们都说：味道好，吃起来过瘾才是第一考虑因素！

我们做文案的时候都容易掉进坑里：以自己的视角去想，以从业者的角度去想，以为非常重要。比如做手机，非要做得续航时间很长，一个星期不要充电，以为消费者的痛点就是怕手机没电。可事实上，很多女性只关心手机拍出来的照片是不是好看。

但是，如果你的一款手机像素很低，你的文案却宣扬"拍人更美"，那就是搬起石头砸自己的脚。这种属于文案的错误性唤起。所以，得出结论2：痛点必须是你的产品刚好能解决的。

再举个例子，你们公司推出一款无磷环保洗衣粉。文案怎么写呢？

你知道吗？

洗衣粉的磷排入江河湖海后，会污染水源，导致生物大量死亡！

保护环境，从××无磷洗衣粉开始。

像这样写也没什么错，无磷洗衣粉在环保方面的贡献是无可置疑的。

但是，上面的文案显然没有戳到消费者的痛点，如果改成：

你知道吗？

洗衣粉的磷残留长期接触人体，会导致儿童软骨病！

为了您孩子的健康，请选择××无磷洗衣粉。

"为了孩子"，当然更能戳中消费者痛点。所以，得出结论3：痛点必须是与消费者切身相关的痛点。如此，我们就有机会将这种痛苦放大。当不改变的痛苦大于行动的痛苦时，消费才会发生。

但是，日常写文案之前，到底怎样挖掘消费者痛点呢？

一、换位思考

古语有云："己所不欲，勿施于人。"《如何把人变成黄金》一书中也写道："在和人打交道时如果想获得预定的良好结果，那么就抱着一颗同理心去了解对方是怎样想的。"

换位思考是文案的基本功，一个合格的文案手，一秒就能把自己代入普通消费者的视角。

二、深析典型消费者

"子非鱼安知鱼之乐。"手机品牌宣传了一堆"处理器、内存、性能"，结果女性选手机只有一个标准：好看！还是OPPO比较了解女性："前置2 000万，照亮你的美。"

后来小米也发现了拍照手机深受女性喜欢，小米6的广告也改成了："变焦双摄，拍人更美。"

与站在消费者立场思考相比，深入了解典型消费者更为可靠。因为同一件事，每个人的解决思路都不同。特别是一些小众产品，有的人嗤之以鼻，有的人爱之若狂，如果文案人本身是一个讨厌榴梿的人，怎么可能体会到食榴梿者的喜悦呢？

三、还原使用场景

举个例子，很多蜂蜜厂家的文案一个个都在吹嘘自己的蜂蜜是"天然农家自产，7天酝酿，至纯至真"，并且列出各种检疫证明。

这样的做法自然是没有错的，但每家店的广告都这么打，消费者在选择的时候，无非就开始比价格、比优惠了。

而有一个老板脑子非常灵光，他考虑到喝蜂蜜的消费者很多都是女孩子，甚至有很多白领是在办公室喝蜂蜜，一大罐蜂蜜在倒的时候容易流出来弄到手上、衣服上、桌子上，可能还需要另外配个勺子，这能给消费者带来极大的方便。于是他把蜂蜜做成像速溶咖啡一样的小竖袋，文案写出"一次一袋刚刚好"，这个看起来简单的创意，受到了很多消费者的喜爱，自然销量大增。

再比如充电宝，很多品牌都在宣传"大容量"，但如果我们思考一下，消费者会在什么时候使用充电宝？答案是外出旅行或出差的时候。大容量充电宝固然耐用，可是飞机上严禁携带额定能量超过 160Wh 的充电宝（以航空公司规定为准），大容量对于经常出差的"空中飞人"来说就太不方便了。

消费者会在怎样的情境下产生这样的需求？这是我们需要经常思考的问题。如"小饿小困，喝香飘飘"就是从消费场景角度定位，也取得了不错的效果。

四、洞察消费者行为背后的消费心理

谁都知道，"洞察"是营销中一个举足轻重的词，但洞察不是能轻易获得的，你得收集大量的数据，找到规律，形成理论。说着容易，做起来难。大多数时候很难捉摸消费者心理，这也是很多市场调查无效的原因。

调研中消费者说出的话，不一定是他自己真实的想法。如果你去问一个消费者，他喜欢喝苦咖啡还是加糖的咖啡，大部分消费者会告诉你喜欢苦咖啡，但事实是，他只是觉得自己喝正宗苦咖啡会显得比较有品位，所以撒了谎。因此一般而言，直接的消费大数据比问卷调查更具真实性，如果条件受限，不能拿到大数据，就只能通过观察其行为，结合心理学来探究了。

五、通过网络搜集

网络搜集也分为很多种。

第一种，如果有可能，你最好看大数据，大数据是做不了假的，是实实在在的浏览和消费记录。那么我们可以透过消费者的搜索浏览和消费行为，揣摩消费者的需求和消费心理。

还是举充电宝的例子，在淘宝上、百度上，人们搜索充电宝时，前面的形容词是什么？是"便携"还是"大容量"？买"迷你充电宝"和"大容量充电宝"消费者的比例是多少？

第二种，如果你所在的公司没有条件看到大数据，那么也有办法——上论坛、贴吧、知乎、百度知道，甚至 QQ 群，浏览网友吐槽。消费者讨论越多、吐槽越多的问题，就是真正的痛点。比如你上育儿论坛，发现很多宝妈都反映：给宝宝冲奶，水温老是掌握不好，要么烫着孩子，要么不够热，喝了消化不良。然后大家纷纷跟帖、点赞。如果你的产品——智能温控冲奶机刚好能解决这个问题，那么痛点就有了：1. 折腾半天冲奶不是太烫就是太凉；2. 每次烧水都要等待很长时间；3. 宝宝半夜要喝奶，还得从沉睡中起来去烧水。

第三种，从网购平台评价里找。

如果要给××品牌新上市的热水壶写一个文案，该从哪里下手？

还原使用场景、感同身受都做过了，还是找不到一个特别亮眼的痛点。怎么办呢？看看那些网购平台里的评价吧。

"不锈钢很好，使用也很方便，烧水的声音小。容量挺大，速度还快，总的来说东西不错，烧水时间短，保温功能好，外观漂亮，颜值高。"

"家里的小家电都是××的，水壶还是买的××。壶外观很漂亮，很喜欢。今天烧了三壶水，烧水速度快，声音小，很满意。快递员送货速度快，态度很好！"

从这些消费者的评论里，我们捕捉到以下关键点：1. 使用方便；2. 烧水声音小；3. 容量大；4. 烧水速度快；5. 保温功能好；6. 外观漂亮。

这些都可以作为卖点，也是消费者在意的点。那么再看差评里的消费者在抱怨什么？"一次不满意的购物，以为大品牌有保证，用了一段时间问题太严重,水倒出来都不会流尽,水会从壶口顺着壶身流出来,倒完水漏到满桌都是!""建议不要买这个,烧一次水就有锈点、黑点,不锈钢肯定是劣质品;严重不密封,不保温,漏水严重,烧完漏得到处是水,安全性太低。"

问题已经很明确了:消费者非常在意漏水这件事,往深层里讲,就是担心电水壶的安全性。那么,在描述产品的时候,我们就可以从"漏水"这个痛点出发:倒水烫伤孩子,后果不堪设想!

六、记录常用痛点

很多扎心文案都提到了一些关键词,包括买房、赚钱、单身、爱情、友情、肥胖、加班,这些词出现的频率最高,因为它们存在于每个人的生活中。

如果你不能直接或者快速找到与产品相关的痛点,就试着将产品与这些常见痛点联系起来吧,从这些角度入手,让消费者感觉"这个产品更懂我"。既然找到了消费者痛点,我们就要给他止痛药。产品和服务的价值也就是解决消费者希望解决的问题。产品的哪些属性可以帮助解决这个问题?

接着说前面电水壶的例子,痛点找到了——漏水,那我们着重强调电水壶的安全性,比如采用什么设计、什么材料,可以杜绝漏水这件事?于是,文案有了:

倒水烫伤孩子,后果不堪设想!

××安全电水壶,

特殊尖嘴设计,杜绝倒水时旁漏,

360度防漏系统(加厚密封的壶盖+蒸汽阀防漏保护),

即使意外打翻水壶也不会漏水,呵护家人安全。

归纳成三部曲:场景化描述痛点——开出"止痛药"——说出"疗效"。同样,前文智能温控冲奶机的例子,找出痛点后,卖点也有了:

30秒调'好'奶——少一分等待,多一份舒心。

24小时自动恒温，24小时都有妈妈的温度。

总体来说，在解决消费者痛点方面，我们需要思考以下几个问题：首先，产品是否可以满足某种特殊需求？其次，解决之后他的状态会是怎样的？最后，这件事是否对消费者自身有利？这个利益具体是什么利益？

其实我们文案写不好，不能进入消费者心里，大多数时候都是因为机械性写稿，浮于表面，思考太少。如果能够足够深入地了解消费者，深入地思考这些问题，我们就可以走进他们心里并占据一个角落。

动多少脑子都不如动人心

有道是，人有七情六欲。生而为人，谁能保证不被情绪左右？所谓的冲动消费，不就是被情绪影响的消费吗？所以营销最准确的姿势应该是"点燃"情绪。

品牌可以高冷耍酷，可以幽默逗乐，就是不能无聊无趣让人无感。体现在文案中，就是要充分调动消费者情绪，并引导消费者的行为。例如：

你只闻到我的香水，却没看见我的汗水。

你有你的规则，我有我的选择。

你否定我的现在，我决定我的未来，

你嘲笑我一无所有，不配去爱；我可怜你总是等待。

你可以轻视，我们的年轻，

我们会证明，这是谁的年代。

梦想是注定孤独的旅行，路上少不了质疑和嘲笑。

但那又怎样，即便遍体鳞伤，也要活得漂亮。

聚美优品凭借这则"我为自己代言"的广告收获了众多粉丝，以至于被网友争相模仿出来很多版本。回过头来看，这则广告的其中一个巧妙之处，就在于树立了一个敌人"你"，整篇像极了一个奋斗中的年轻人对抗世俗的宣言。那个世俗的"你"让年轻人愤恨，而"我们会证明，这是谁的年代"这样的表达又让人很解气。

在营销中，用群体划分的方法将自己和竞争对手区别开来，让消费者与你站在同一条战线，共同抗敌。如果这样，你的事就成了他的事，这也是营销的最高境界。

这就需要我们找到与竞争对手的最大区别，划分出一个能让消费者愿意为之捍卫利益的群体。如草根出身、中国人、善良的人、服务业工作者……

  格力，让世界爱上中国造。

  这句熟悉的广告词，满满的民族自豪感。

  再如，你想招微商的代理，文案写成"我们都是微商人"：

  熬过了被人屏蔽的时期，承受过被人埋怨刷屏，

  曾经被最亲近的人直接删除，

  也曾面对别人问"你卖东西啊？"时的尴尬。

  微商绝对是一份需要梦想和头脑支撑的工作。

  我们努力，

  只为看到自己喜欢的衣服和化妆品的时候不再犹豫，

  只为说走就走的旅行是自己能给自己更好的生活。

  加油，我们都是微商人！

同样做微商的小伙伴们看到你的文案，是不是很容易产生共鸣？感觉到你和她同是"自立自强，追求梦想"的一路人，你们共同的敌人就是"外界的质疑、嘲笑甚至排挤"。你获得信任的概率就比直接劝服她拿货要高很多。

再举个例子：

  又到这差不多的时间，差不多要抢票回家。

  又到了差不多的新年，总要感叹着哎哟喂呀。

  黄牛差不多的猖狂，掏钱差不多的窝囊。

  坐在差不多的车厢，吃着差不多的便当。

  这路程差不多的长，我状态差不多的彷徨。

脉动的这首"差不多"新年歌，一上线就引起了大量热评，很多人看后恨不得挥舞拳头把"差不多"这个劲敌打倒。每一个热爱生活的人，都那么讨厌"差不多"："找个差不多的赶紧嫁了吧""工作差不多就行了，稳定最好"。"差不多"总给人一种很疲软、很无奈的感觉。

而脉动与年轻人站在了统一战线上，拉开了一场"拒绝差不多的新年"

的战斗，俘虏了一批"不将就"的年轻人的心。

总结一下，与消费者构建统一战线这招其实很简单，具体做法就是：给自己定位一个身份，设置一个容易引起积极正面感情的人设，树立一个共同的敌人，这个敌人可以是观念对立的人群，也可以是赘肉、懒惰等，以成功引起目标群体的好感。

人民币一块钱在今天还能买点什么？

或者，也可以到老罗英语培训听八次课。

这样的广告语，成功引起了公众对物价的愤怒情绪。

其实制造不公平冲突也是很多情感类自媒体常用的圈粉手段。比如，"作为领导的我天天加班，下属却没事干""比你晚进公司两年的'90后'竟成了你的上司？""你奋斗了整整十年，才做到和他一起喝咖啡"，再如，"你这么漂亮却没有男朋友，天理不容"。瞧瞧，你现在的遭遇或困境，多么不公平，多么不合理！这样的广告语给人的感觉，不是自己不行，而是外界不公。

你为消费者打抱不平，消费者的情绪就被激发了，忍不住点开看，如果你能够安抚他们的愤怒，他们会感动万分。所以我们可以利用这种心理写文案。比如，你是卖纸尿裤的，文案就可以是：

当了妈妈，凭什么就要天天把自己绑死在洗尿布这样的琐事上？

解放你的双手，让你有更多时间，做自己。——××纸尿裤

比如护肤品广告：

辛辛苦苦大半年，一晒回到解放前。——××防晒霜

我为工作彻夜不闭眼，换来的奖励却是熊猫眼。——××眼霜

比如房地产广告：

故乡眼中的骄子，不该是城市的游子。

比如交友：

世界上所有的内向，都是聊错了对象。

运用制造不公平冲突写文案的前提是：你的产品刚好可以解决你提

出的冲突。给消费者指出一条明路，只要选择了你的产品，就可以与这些不公平说再见。

出人头地你怕了吗？出人头地是要付出代价的，必遭诽谤和嫉妒，甚至有人贬低和损害你。但是每个人都会遭到攻击，但每个人最终也会拥有荣誉。不论反对的叫喊声多响，美好的或伟大的，总会流传于世，该存在的总是存在的。——凯迪拉克《出人头地的代价》

别和陌生人说话,别做新鲜事,继续过平常的生活,胆小一点,别好奇,就玩你会的，离冒险远远的，有些事想想就好，没必要改变，待在熟悉的地方，最好待在家里，听一样的音乐，见一样的人，重复同样的话题，心思别太活，梦想要实际，不要什么都尝试，就这样活着吧。——陌陌《就这样活着吧》

跟"构建统一战线"刚好相反，上面两则广告正话反说，充满了辛辣讽刺，但又饱含趣味，使文章具有强烈的感染力，让人看了心生激动。

需要注意的是，写这类文案一定要注意把握好度，否则很容易引起消费者的反感。巧妙的做法是，表面看上去是对立，实则鼓励消费者突破某种束缚，去追求更好的生活。

看够了生活的脸色，
用口红回敬一点颜色。
哪有念念不忘的爱情，
只有兜兜转转的黑头。
职场里有再多的辛苦，
敷上面膜，
就不舍得哭，
成长是学会把岁月的风霜，
变成梳妆台上的眼霜。

这是美图美妆的一则海报文案，没有说软件本身如何好，只传达出一个意思：女孩们，我懂你。同样的还有红星二锅头："待在北京的不开心，也许只是一阵子；离开北京的不甘心，却是一辈子。"人的情感都需要一个宣泄口，这样一段文字，刚好击中了消费者的心理诉求，很容易就能走入他的心里。

以上就是通过制造情绪打动消费者的几种做法。无论激起的是热情、积极、快乐、信心满满的正能量，还是让人失望、失落、认清现实的坏情绪宣泄，都可能带来惊喜的营销效果。

互联网时代，类似这样的玩法为我们的广告和产品找到了一根杠杆，如果巧妙地用在自媒体上，还有可能利用大众一触即发的情绪，对产品的传播起到加倍的推动作用。

营销与策略环环相扣

要想写出一篇让消费者看了就想买的文案,一定要选对的文案策略来指导文案写作。一个优秀的文案人不仅可以通过洞察找到消费者的潜在需求,输出一个绝妙的创意,还可以针对不同的受众、不同的广告平台生成不同的文案策略,并根据实际情况择优使用,以达到第一时间引起受众注意的目的,继而让他们产生购买的冲动。

举个例子,曾经在营销圈大火的白酒品牌——江小白,每出一个文案,必然掀起刷屏风暴。

青春不朽,喝杯小酒。

这句经典文案,想必每一个文案人都烂熟于心。文案创作不是一蹴而就的,它需要一个创造的过程。在江小白大火之前,想要提升其品牌知名度、打造独树一帜的品牌标签,被市场认可,文案创作者需要解决三个问题:

哪些群体会喝江小白?

这些人在什么情境下会喝江小白?

他们喝的真的是江小白"本身"——酒吗?

既然是"青春小酒",那江小白的消费群体就是年轻人,他们面临着毕业分别的离愁别绪、踏入社会的不知所措、初入职场的各种压力……喝江小白的场景则可能是同学聚会、个人排遣等。针对这一"具象",江小白每次的文案创作都紧紧围绕着青春的属性,刺激目标群体对于青春的感情,从而达到销售的目的。

所以,做策略就要先提出问题,找到痛点。以下列举了十则江小白的文案:

我把所有人都喝趴下,就为和你说句悄悄话。

最想说的话在眼睛里，草稿箱里，梦里和酒里。

手机里的人已坐在对面，你怎么还盯着屏幕看。

毕业时约好一年一见，再聚首却已近而立之年。

攒了一肚子没心没肺的话，就想找兄弟掏心掏肺。

友情也像杯子一样，要经常碰一碰才不会孤单。

他们只在朋友圈神出鬼没，却在现实的圈子无影无踪。

每天相处最久的同事，我们之间却没好好聚一聚。

兄弟间的聚会，无关应酬和勾兑。用45度的单纯，去忘却世界的复杂。

老说"空了一起聚聚"，其实不过是个拖延的借口。

看了这些文案，内心是不是有些共鸣？因为这不是普通的文案，而是有洞察的文案。它将一些曾在年轻人脑海中盘旋过但未能说出来的话表达了出来。文案写作者正是因为对年轻人的心理非常了解，写出来的文案才能如此"走心"，就像文案大师汤姆·托马斯所说："要对消费者有足够深刻的了解，才能写出打动人心的文案。"

这些文案，能卖多少钱？每一条，都价值百万。

在这个世界上，卖东西的人每天都要接触形形色色的消费者，但是很多人似乎从来没有真正"看到过"消费者。比如，某蚕丝被的自嗨文案是这么写的：给你皇室公主般的睡眠礼遇。

写这个文案的人似乎并不清楚，没有几个人去过皇室，更别说在皇室里盖着这样的被子睡觉了。所以，消费者到底青睐怎样的产品、容易被产品的哪些卖点所打动、最终促成购买的关键因素是什么等，都没有被文案人"看到"。

文案人只有深入了解消费者的需求，并在文案中给予满足，才能激发对方的购买欲。就像江小白，消费者已经形成了"可以趁着酒劲儿把心里话说出来"的心理定式，所以朋友聚会、工作不顺、分手失恋等情境下想要喝酒，首先就会想到江小白。

由此可见，策略的制定要站在消费者的立场上。

举个例子，自如（提供高品质居住产品与服务的互联网 O2O 品牌，旗下拥有自如友家、自如寓、自如整租、业主直租、自如驿、自如民宿等产品）曾经出过一波成功的文案，主打的是一、二线城市的白领人群，文案写作者精准把握他们想要精致的生活、体面的工作，但是钱袋子紧张，只能去住环境较差的房子的心理，所以，自如当时的文案是这样写的：

交了房钱，只能饿着肚子加班；住宿太差，生怕同事说去家里看看；想改善生活却捉襟见肘？先睡再说！自如白条轻松月付，分期付款睡好房！

好的文案不是强人所难，而是要表达出消费者心中所想，让他们觉得这其实不是广告，而是在跟他们探讨生活中的某一件琐事，在给他们的某些问题提出可行的解决办法。

文案的目的，就是满足消费者的某种诉求。这就要求我们要设身处地站在消费者的立场上想问题："如果我是消费者，会不会买？"以消费者的认知为导向，来制定文案策略。文案是代表了消费者的心理还是文案人的"自嗨"，从这一点上可以判断一个文案策略的好坏。

同时，通过文案对产品的包装，让消费者觉得这个产品能满足他们的某种诉求，并且比同类商品的性价比更高，更有吸引力。

文案不是一拍脑门就有的，它的创作需要一定的思维方式推导。文案，是洞察，是沟通，是逻辑，也是统筹。那么，什么是统筹规划？

统筹规划，即通过对某产品的整体分析，包括对产品的物理构造的分析、产品特性与整体定位的分析、与同质化的竞争产品之间的差异分析、产品本身延伸出来的情感需求的分析等，按照需求导向和问题导向的原则，有针对性地对各种分析进行组合，得出应对相应市场的最优决策。

一个文案做好前期的策略制定后，接下来要做的就是统筹规划。我们要把涉及目标人群购买欲望的方方面面的因素加以整合，对目标人群的多样性进行对比分析，并根据市场对商品需求的程度给出详细的数据。而用数据说话，市场调研是关键。它能为文案创作者提供真实、具体的数据。

　　作为一个文案工作者，如果天天坐在办公室里冥思苦想，不仅不会有灵感，而且极易与市场脱轨。既然文案是为了唤醒消费者的需求，那我们就应该亲自到市场中走访，面对面地接触消费者，与他们近距离沟通，观察他们的行为，这样才能提高自己对市场的敏感度，并更好地了解消费者。

　　消费者为什么会选择这家的产品，而不是别家？这需要我们去做市场调查才能搞清楚。就拿乳胶枕为例，如果你来到消费者的购买现场，会发现他们经常问"制作枕头所用的乳胶是天然的吗？""要如何清洗？""一般使用寿命是多长时间？"之类的问题。

　　消费者的关注点，不是我们坐在办公室里想出来的，而是我们去调研市场并通过统计数据得到的。文案创作最忌讳"想当然"，因为文案创作是个人行为，难免有主观倾向，所以我们一定要对市场进行多样化样本的调研，认真收集分析资料，作出正确实用的数据调查表。只有冷冰冰的、不会撒谎的调研数据，才能证明统筹规划的正确性，减少文案策略的失误，进而保证营销策略的顺利实施。

　　我们一直强调，文案的最终目的是销售，所以光会调研市场远远不够，还必须懂营销推广，懂品牌定位，懂广告渠道，更要懂策略。这就要求我们把市场调研和企业战略、营销策划紧密结合，环环相扣。而且，在调研过程中分析问题要深入本质，而不是只做表面功夫，只有这样做出来的市场调研报告才务实，和营销紧密结合后才能提高产品转化率，为企业带来效益。

好文案就是"纸上推销员"

其实对于文案风格的争论从来没停止过,一部分文案鄙视另一部分文案"土气、低俗",传统文案嘲笑新媒体文案"幼稚、荒谬、无厘头",新生代文案讨伐传统文案"顽固不化、与时代脱节"。

这个矛盾怎么解决呢?"喜剧没有雅不雅的问题,只有好笑和不好笑。"《武林外传》的编剧这样说。文案语言就是销售语言。很多企业做品牌和项目的文案时,很多都是直接落地用于销售终端的,文案说辞直接决定客人是否愿意成交。

说起销售力,很多实体店导购员的说法才有真正的销售力,很多在大谈特谈文案写作技巧的人,压根就不知道导购的说法是什么。在长期跟销售部打交道的过程中,我尝试着用销售语言来写文案,并得出了文案语言的一些结论。

不要让消费者猜测你的意图,要在最短时间内让消费者知道文案想传达的意思。实体店导购的语言技巧决定了店铺业绩。一个门店的消费者对于一个商品从认知到购买,都是发生在消费者进店之后,短短几分钟内导购就要使用高超的语言技巧,从品牌优势、产品介绍到购买转化,一气呵成,中间不能有半点差错。实体店导购的强大可想而知。

实战才是检验好坏的唯一标准。我们可以把互联网假想成实体店的货架,企划人员做广告时,就该想到如何销售。

想象一个消费者走进你的店铺,你的开场白该怎么讲?怎样吸引他的注意力?如何将产品与他搭上关系?如何让介绍的产品或服务有吸引力?怎样让消费者接受你的推荐?成交后如何加码销售,让消费者消费更多?

广告公司做出的文案,和策划咨询公司做出的文案有很大不同。大多数的广告公司更注重创意，注重"语不惊人死不休"，制造出一个个新奇的概念，华丽的文字，它们的作品也许更适合去参加比赛、去拿奖。咨询公司和营销策划公司则不然，因为它们的所有策划和文案都是要与业绩挂钩的，它们必须针对企业存在的问题拿出具体的解决办法。

无论是品牌包装还是产品项目包装，都可以直接让销售员拿去使用。每一个投放的广告，都是要用数据评估的。

我在明白这一点后，再为客户企业做文案，都会先让直接面对消费者的销售人员过目，看看我所描述的优势有没有包含消费者的关注点，按照这样的说辞能不能在短时间内打动消费者。经过这样多次的检验，势必能让那些自说自话的文案走下神坛，真正与消费者对话。

啰唆的描述只会遭消费者嫌弃。我曾看过一句话："只有当你投入的是真钱而不是塑料币时，你才能真正懂得商业。"很多文案人自己没有做过生意，从小上语文课，被教育"大"不能说大，要说"庞然大物"，"小"不能说小，要说"小巧玲珑"。现在写文案，也掩饰不住那颗骚动的文艺的心。如果让文案人员拿自己的钱去投广告，他可能就不会像以前那么写文案了。

"高级大气上档次"之类的形容词，也许会让你的文案看上去显得华丽，却不适用于跟普通消费者沟通，甚至会分散消费者的注意力。所以在完稿后，学会给文案做减法，尽量删去多余的形容词、副词、介词。

事实上，真正的好文采写出的文字犹如行云流水，绝对不会给人辞藻堆砌之感。我们写完文案，最好自己读几遍，感受一下是否言简意赅。

希腊哲学家爱比克泰德的道德观中有一条是"说话之前，先理解你要说的话"。也许我们很多人没意识到，自己的某些话语在别人看来就变成了"夸张""欺骗"和"莫名其妙"。

2015年某省篮球俱乐部官微发布通知，将取消网络已售球票并将原有票价进行上调，引发了众多网友的不满，一时间掀起轩然大波。后来总经理出面解释，称之前票价并未确定，网上只是预订，因此不存在临时涨价的说法。官微的措辞不够严谨，通告所产生的歧义招致误解，严重损害了企业形象。

可见作为"纸上推销员"，面临大众的"审查"，文案语言比面对面的销售语言更需要精确、经得起推敲。

广告语不是企业写一句话给消费者听，而是写一句话让消费者转达给其他消费者听的。试想一下，我们向别人推荐一个产品，可能会说：

怕上火，喝王老吉啊。

××手机，拍人更美。

但如果有个人过来跟你说"突破科技，启迪未来"，是不是感觉很怪？

在这里我并不是说"突破科技，启迪未来"这样的文案就没有意义，只不过就短期销售而言，"拍人更美"这样的说辞更容易被消费者接受。如果你服务的是100人以下的中小型企业，请自动忽略奢侈品牌过去用的那类抽象的广告语吧！如今连香奈儿的广告语都变成了"这个情人节，送给她山茶花（戒指），而不是一束花"这种风格，有了具体的销售诉求，语言方面比以往接地气很多。

那么如何写出易于传播的消费者语言呢？有两个简单易行的方法：

第一，访问一线销售人员，听他们如何介绍，因为他们用业绩证明了说辞在终端产生了销售。

第二，采访忠诚消费者，即那些不仅长期购买你的产品，而且转介绍别人来买的消费者，我们可以了解到他们推荐给别人时是如何说的。

把这些已经产生效果的说辞略予加工，就能写出有助于销售又易于传播的文案。

假设你们公司这个月业绩不好，老板很生气，黑着脸把所有人批评了一顿。但第二天,所有人还是一副老样子,该迟到迟到,该玩手机玩手机。

再假设，你们公司这个月业绩不好，老板很生气，把你单独叫到办公室狠批了一顿，说你一个人拖了团队的后腿。如果你有心，第二天就该有所改变了。

同样是批评，集体批评会让人觉得"不是说我"，然后不放在心上；而单独批评却能让人印象深刻，并立即做出改变。

同样，当你的文案是对所有人说的，目标不明确时，就相当于什么都没说！这就是很多老板抱怨广告投放没有效果的原因之一。只有将范围缩小到让别人觉得你在对他说话时，才能起作用。比如：体重150斤以上的姑娘，后来都怎样了？类似这样的，必然能吸引一部分符合条件的人看。

需要注意的是，这种情况下你不能说"各位，大家好"，而应该说"你好"。你不能说"你可能已经有一套房"，或者"也许你有两个孩子"，这样的不确定说辞，会让消费者感觉你不了解他，或者你在同时跟很多人说话。聪明的做法是，一定要找到典型消费者的共性，你文案中说的每一句话都要让消费者觉得你是在跟他一个人说，这能让他认真听你讲，也更容易获得共鸣。

生活中高情商的人总是受人欢迎，因为情商高的人十分注意他人的肢体语言，甚至是脸部微妙的表情。因为他们喜欢观察别人，也懂得照顾别人的感受。一个高情商的销售员，懂得像朋友一样去关注消费者，像朋友一样跟消费者相处，像朋友一样给出建议。

文案也需要这样。你的文案语言也要走下神坛，不是生硬的劝说，而是像闺蜜好友那样亲密无间的谈笑和真诚的推荐。

对话式交流，给人感觉"我是为你好才说的，一般人我不告诉他"，如：

瑜伽课广告：女人初老的典型现象，你中招了吗？

房地产广告：爱你可以不留余地，但家里不要太挤。

可以像朋友间的戏谑，如：

支付宝：每天都在用六位数的密码，保护着两位数的存款。

真诚的，不加掩饰的交谈，不为了卖弄文字或标榜自己，如：

瓜子二手车直卖网：卖家多卖钱，买家少花钱，没有中间商赚差价。

文案人格、调性这类问题已经有很多人说过了，归纳成一句话就是：

以什么身份对谁说话？也就是作为一个品牌，搞清楚我们的文案以一个什么样的"人设"与消费者对话，消费者才会喜欢？

举个例子，同样是卖化妆品，有的文案一上来就"清仓大甩卖！五折！走过路过不要错过！"那他的"人设"就是一个急于卖货的销售员。如果一个文案写"快速美白品铅汞含量可能超标"，并且能够剖析内幕，以非常客观的事实或数据来证明某个结论，那他的"人设"就是一个专家！如果一个文案写道"5秒钟就能吸收，一点都不油腻，非常值得入手！"她的"人设"可能就是个美妆达人！一个鲜明的文案"人设"就是品牌的门面，在一定程度上决定了品牌的调性。这个调性直接关系到消费者对你的信任度和好感度。

比如做农产品的，包装成一个朴素、真诚的老农形象，就比包装成一个伶牙俐齿的促销员更让人信任。卖化妆品的也需要考虑文案"人设"是"专家"还是"美妆达人"，哪个能够让你的货更好卖。

找准卖点，在同行中脱颖而出

很多企业在面对自己产品卖点时，都有这种感觉："这行都差不多，没有什么特别的。"然后根据他们的表述，你会发现他们与竞争对手技术雷同，设计是模仿照搬，操作系统也相似。似乎所有的产品，都在一个固定的框框里打转转。

那么问题来了：既然都一样，消费者为什么要选你？既然都一样，你凭什么卖高价？结果就是，刚进入市场就已经被市场淘汰；大投入推广却成单寥寥；消费者觉得你的产品跟同行没什么区别；售卖很久却没有家喻户晓；竞争越来越大却无法摆脱竞争。

再加上买方市场、货比三家，一片红海的竞争环境，难道就这样眼巴巴让同质化侵吞你的利润吗？不！没有无亮点的产品，只有缺少发现的文案。这就涉及"产品卖点"或者"项目竞争力"的问题。我们现在做品牌营销咨询服务，对企业的核心贡献就是在帮助企业做核心竞争力的梳理、提炼，并转化为销售语言以及对应的体验、演示。而产品优势的包装，就是让产品更有杀伤力，在竞品中脱颖而出。

靠创意告别同质化的方法不止一种。比如从名字、品类与别人区分开；产品性能、质量、颜值更胜一筹；品牌价值主张更贴合消费者。我们只要用心提炼独特的卖点，还是可以拉开与竞争对手的距离的。下面就从几个方面具体讲解。

不破不立。要想树立新的品牌，就必须打破原有的秩序和规则，起一个新奇的名字，从而在起跑线上领先竞争对手，营销费用可省一半。那么我们该怎样运用产品名胜出呢？

看过很多畅销产品的名字后，我们大概可以得出这样的总结：一个好的产品名字，应该自带卖点。如果你的产品相对于竞争对手来说具有很高的差异化特点，那这个特点就可以作为你产品的核心卖点，融入产品名字里。

最简单的方法就是直接加入。比如有一款饮料叫"果粒多"，顾名思义，饮料里有很多果粒，让人一听，瞬间就能与其他没有果粒的饮料作出区分，同时暗示产品含有丰富营养和浓郁口感。

另外一种方法则是将消费者真正的关注点融入产品名字。比如我们想买西红柿，每个卖家都描述自己的产品新鲜健康、爽口多汁，要么就是无农药，无催熟，人工种植，原产地生态菜园……消费者无法区分谁家的好，对"人工种植""优质产地"之类也无从考证。

其实对于西红柿，很多年轻消费者并没有耐心去听你讲解一大堆技术理论，只关心好不好吃。

既然这样，我们不妨在他们关注点的基础上做出创意。什么是创意？有个纪录片叫《创作的本源，一切都是混搭》，对于产品起名来讲，创意可以是把熟悉的两个或两个以上内容重新组合，或者略加改动。跨界组合就是一个简单又屡试不爽的技巧，做法如下：

首先，确定产品名称。比如你卖的西红柿最大的亮点就是酸甜可口，比一般西红柿都甜，那么联想一下，什么东西酸甜可口？草莓！于是产品名字有了："草莓柿"！

其次，确定产品优势。既然是为了体现甜，那可以描述成：口感堪比草莓的西红柿。一口咬下去，肉汁瞬间爆出，清香四溢。

类似的还有"砂糖桔""纽扣电池"，联想相似的外观、相似的功效，将新产品用大众熟知的事物描述出来，画面感立马提升，产品优势也随之凸显。光是看到名字，就心动了。

如果你推出一款液态奶，想体现它纯正、新鲜、营养丰富，该怎么写？你跟其他竞争对手一样，描述"含蛋白质百分之多少，能补充什么营养"，分分钟就会被碾压。你敢写98%，就有人敢写99.9%，这样的竞争没有任何意义，消费者也搞不清楚，谁家的是98%，谁家的是99.9%。那么此时比较好的答案是：

××奶，仅次于母乳。

这样的广告语一旦大量投放，进入消费者的视野，抢占了消费者的心智，竞争对手是很难模仿的，选择奶的时候，他第一时间就会想到你的产品。如果你想介绍一款果汁，怎么写更形象？某果汁的文案就非常传神：

要么喝××，要么喝鲜榨果汁。

这招的要领就是，与本领域消费者固有认知中最好最天然的标杆性事物做类比，如母乳、鲜榨果汁就属于这种标杆性事物。

不管多么细微的优势，只要是竞争对手没有的，你都可以借此撕开缺口，将其放大呈现，让它延伸到产品/服务的专业性、权威性，并折射出独特的企业文化！

有这样一个故事：美国有个品牌在啤酒界一直排行老二，与老大的市场份额相差甚远，于是就聘请一个营销顾问来厂参观。这个专家参观了这家啤酒厂的整个制作过程，感觉很震撼：你们生产啤酒用的水都采用深层地下水，用来发酵的麦芽也是千挑万选，啤酒制作出来之后还会有严格的检测，只要一瓶不合格，一批都要销毁……这是多么大的优势！为什么不把这些告诉消费者呢？

老板不好意思地说，所有的啤酒厂都是这么做的，这没什么特别的。但是这个营销专家回去就写了一篇文案，讲述这家啤酒厂生产啤酒的详细过程，消费者看完后也觉得相当震撼，这个品牌很快就销售额飙升，跃居啤酒行业的老大位置。

这样的例子还有很多。同样是饺子，喜家德水饺每天在喇叭里宣传"水饺里有个大虾仁"；店内贴满了海报，宣传16道工序制作馅料，并一整天播放员工亲自下田挑选土豆的企业宣传片视频。凭借这些超乎消费者预期的专业性，喜家德一跃成为"东北水饺的代表"，生意日日火爆。

同样是卖内衣，增加了量化体测，就显得极其专业，与其他品牌内衣盲目推荐相比,服务上也有了独特卖点。

这招要领是:用极端具象化压倒你的竞争对手,就是从视觉、嗅觉、听觉、味觉这些方面进行极其细节地展示,用惊人的事实打动消费者。即使竞争对手实际上也是如此操作,但你率先这样描述后,消费者心中也会认为:只有你是这样操作的。

规模大不大不要紧,可以比专业、比讲究,牛肉说新绞的,水饺就说现包现煮的,鸡蛋就说只要"7厘米,长款比例2:1"的。

可以具象化描述的,包括产品专利、工艺、材质、设计、尺寸、重量、服务等;对消费者的好处,包括环保健康、安全舒适、节能耐用、简易便捷等。如此,即使是一家宠物店,也要成为"小天地里的宠物大世界"。即使是一家饺子店,也要成为"饺子界的王中王"。即使是一家修鞋店,也要成为"方圆几百里最专业的修鞋专家"。

当然,所有的这些描述,可以适当夸大,却不可无中生有,否则就不是包装,而是欺骗。所以,企业在宣传的同时,也需要行动协同。

妈妈,我能帮你干活了。

还记得雕牌洗衣粉这则广告吗?它曾经打动了广大家庭妇女的心。广告中加入了中华孝道的元素,弘扬了品牌的正能量,雕牌洗衣粉也因此甩开竞争对手几条街,成为全国知名品牌。

如果你觉得行业同质化太严重,绝非前几个招数就能对抗,那么不妨玩一下情怀。

会讲故事的人更容易成功。好故事易传播,通过"故事"将广告加入社交属性,用故事场景、用情感来打动消费者,由此传播企业品牌。

也可以在文案中植入一种价值观,比如陌陌的广告:

别和陌生人说话,别做新鲜事,

继续过平常的生活,

胆小一点,别好奇,

就玩你会的,离冒险远远的,

有些事想想就好，没必要改变，

待在熟悉的地方，最好待在家里，

听一样的音乐，见一样的人，重复同样的话题，

心思别太活，梦想要实际，

不要什么都尝试，

就这样活着吧！

凭借这则广告，陌陌从"约会神器"变成了"不甘平庸，勇敢尝试"的正能量形象。

卓越品牌的魅力就在于它凝结了企业理念、情怀等文化内涵。文案需要传达出鲜明的品牌价值观，这也是产品的独特竞争力。其实大多数模仿都是有其形，没有其精髓，但只要多花点心思，总能提炼出不一样的亮点。

值得注意的是，罗列了这么多提炼卖点的方法，并不是说产品卖点越多越好。卖点多，就意味着有更多打动消费者的理由吗？恰恰相反，消费者的记忆力不是你想象得那么好，他们并不熟悉你的品牌和产品，也不愿意听你长篇大论地培训行业知识。与其列出10多个无关痛痒的卖点，不如提炼一个最能打动消费者的点，深深地在他们脑海里扎根。

确定文案目的后，别以为增加卖点便能体现品牌的专业性和产品价值，想要表达的要点就能列出来满满一页，这也是重点，那也是重点，什么都想表达，到头来又什么都不能给人留下深刻印象。

牢记你的写作目的，如果是要美誉度，那就必须将一个理念、一种独特诉求，或是一个独家竞争力，根植进目标消费者脑中。一个主要的亮点，往往胜却无数。

有这么一个案例，讲一个别墅销售员带一对夫妻去看房，发现妻子的目光一直盯着楼前的独立温泉池移不开眼，销售员说"想象一下，每天下班后可以在这里舒服地泡温泉"，丈夫还在询问周围配套、学校、别墅价格等，销售员全程都不忘重复"这可是稀有的独立温泉池，其他

地方都没有"。没有砍价,也没有太多纠结,妻子坚定地说"就这里了"。

《参与感》一书中就描述过一款小米移动电源的卖点提炼过程,非常值得我们学习。书中写道:

"一开始,我们的策划团队想说明它小身材大容量,也试图强调1万毫安时能够让手机续航多久。

甚至,还有一些没节操的描述方案,比如'不但大,而且久'之类的,但都被我否定掉了。

第一版:小身材,大容量。

被否:太虚了,就是大家不可感知,到底多小多大还要去想,还要想多一层。

第二版:重新定义移动电源。

被否:太虚了,本质上来讲我们没有重新定义,容易盖上一个很大的帽子。

第三版:超乎想象的惊艳。

被否:太高大上,不抓人心。

第四版:最具性价比的手机伴侣。

被否:不够直接,不知道是干什么用的,手机伴侣第一时间甚至会想到 Wi-Fi。

第五版:一掌之间,充足一天。

被否:充足一天,没讲出差异点。

第六版:小米最来电的配件。

被否:配件第一时间会想到手机壳。

第七版:69 元充电神器。

被否:'神器'这个词曾在红米和活塞耳机上用过,如果再用就是一种很偷懒的做法,我从根本上就排斥它。

这样一路 PK 下来,后来我就说我们干脆就写它的大小、价格就完了,这是最直接的。"

看完这个，小米的营销有多么谨慎入微，可见一斑。小米副总裁黎万强表示：当时的整个移动电源市场处于混乱的状态中，和我们一样1万毫安时的，市场里的品牌产品均价大多在150元左右，并且外壳是塑料的，电芯和保护电路等也都尽量从简，更谈不上什么设计。

正因为捕捉到了"容量大而价格低"的优势，又非常符合小米一贯"高性价比"的定位，所以我们最后看到的文案是：

小米移动电源，10 400毫安时，69元。

就这样，选取一个消费者最在乎的点，是的，一个就足够了。再想想那些成功的品牌，哪个不是个性鲜明？

小米——为发烧而生。

韩束墨菊——巨补水。

难道它们没有别的亮点吗？非也！但要做成品牌，少即是多。什么都说了，就相当于什么都没说，想要大而全，反而会沦为平庸。怎么选取、提炼，这就是策划思维。学会断舍离，是文案的关键一步，也是文案迈向策划的一大步。

那么，怎样验证你的文案是否帮助产品离开了同质化呢？方法很简单：尝试把文案里的产品名称换掉，看看还能符合吗？

如果你提炼的卖点可以套用在任何一个竞争对手品牌上，那绝对不是一个准确的卖点。

卖点的提炼不求一蹴而就，需要精雕细琢；卖点的提炼需要头脑风暴，也要与时俱进。珍爱品牌，远离同质化。

深入了解产品才能写出好文案

文案是宣传推广产品的重要手段，了解产品则是文案创作过程中的重要环节。对产品的了解程度直接关系到文案的优劣。国外很多知名文案人在撰写文案之前，都会花费很长时间通过各种方式去了解产品的方方面面。

可能有人会问，为了几句文案如此大费周章，值得吗？答案是，值得！因为绝大多数时候，深入了解产品会让你有意想不到的收获。

一、了解产品的作用

1. 全方位了解产品，可以帮助我们在短时间内做出文案大纲

我们了解产品，要了解它的起源、发展历程、功能、适用人群等，这都是一个合格的文案人必须主动去搜集的资料。

举个例子，我们要做一个烤箱的文案，就要对烤箱的尺寸、外观颜色、面板材料、功率大小等各个方面了然于心。这不仅可以为文案撰写提供多元化的切入点，而且可以让我们在给消费者介绍产品时"如数家珍"。

2. 产品反反复复宣传推广，怎样才能有新意

这是一个非常戳心的问题，想必不少文案写作者都有同样的苦恼，因为产品翻来覆去地推广，极易引起受众的反感，撰写文案的人也常面临挖空心思也很难找到新的切入点的窘境。

但也有一部分人不会有这个困扰，因为他们对产品的了解达到了令人震惊的地步。业界一位著名策划人说："我对产品的了解，比对自己的了解还要多，用来描述它的话可以说3天！"

当然，对产品的了解也不是一成不变的，我们要与时俱进，根据时下的热点或者消费者行为的改变，重新认识产品，尽可能多地挖掘产品亮点，这样的话，写出100种"姿势"不同的推广文案也不是没有可能。

3. 细节决定成败，"蛛丝马迹"或成文案爆点

在了解产品的过程中，我们不一定能一下就抓住关键信息，这需要我们不间断地去挖掘产品特性，不放过任何"蛛丝马迹"。普通文案和顶级文案之间的差距也许就在这里。

细节决定成败，我们要对产品深入了解，发现那些容易被人忽视的优势，并赋予其生命力，一篇独具匠心的好文案就诞生了。

二、怎样才能了解产品

1. 化身消费者亲自体验

了解产品最好的方式是把自己当作普通消费者，亲自使用产品，并记录下自己的真实感受。最重要的一点就是，千万不要看产品介绍，因为先入为主的观念会阻碍我们发现新颖的点。

当我们转变角色，以一个消费者的身份去体验产品时，往往能发现一些站在文案撰写人的立场上发现不了的亮点。亲自体验不仅能让我们快速找到产品的优缺点，还能让我们写出来的文案更真实。

2. 寻根溯源，多问几个"为什么"

亲自体验过产品之后，你就会对产品有一个大概的了解，但这并不够，你还需要弄清楚几个问题。这些问题包括但不限于下面几个：

为什么要做这个产品？可以从市场、消费者需求以及公司战略等方面考虑。

该产品的主要受众群体，即目标消费者是哪些人？

该产品主要的卖点有哪些？

该产品可以满足消费者哪些方面的需求？

该产品在市场上最大的竞争力是什么？

该产品现在的销售情况如何？

使用过的消费者对该产品有什么反馈？

为了保证得到的答案是真实的，你要找直接参与产品某个生产环节或者对该产品影响较大的人群进行交流。比如当初决定开发这一产品的

领导、负责产品包装的经理、一线销售人员等。在与他们交流的过程中，你可以得到很多在产品介绍上看不到的信息。

3. 用专业的眼光审视产品

经过前面两步，你对产品已经有了相当深入的了解。接下来，我们可以从文案撰写的角度来思考这样几个问题：产品要传达的是什么样的理念？产品特性是否可以用视觉化的语言来描述？价格上是否比同类竞争产品更有优势？你可以拿一张纸，把所有关键点都写下来，这有助于你快速精准地挖掘出产品的核心卖点，再用恰当的文字将产品的闪光点写出来。

要写出一个"精准"的文案，深入了解产品只是其中一个重要环节，了解目标客户是另一个重要环节，两者相辅相成，共同为一份优秀的文案贡献力量。接下来，我们要详细说一下如何了解目标客户。

三、了解目标客户

1. 产品的目标群体有哪些特征

当我们对产品有了足够的了解，并挖掘出产品的特点，接下来就要找出哪些人群对这些特点有需求，从而锁定目标客户群体。

举例说明，我们要为小叶紫檀家具做营销推广。

经过对小叶紫檀的了解，我们发现它生长极为缓慢，有"五年一年轮，八百年始成材"之说，硬度居木材之首。由于小叶紫檀数量少，在古代一直被皇室垄断，故又被称为"帝王之木"。

现在市面上大部分紫檀家具都是用印度、缅甸等地年份较短的小叶紫檀制作的，几万元钱就能买到；还有一小部分是名贵的小叶紫檀家具，比如明清时期流传下来的，因历史悠久又有收藏价值，所以价格极高，少则上百万，多则上亿也不无可能。这种名贵的收藏品，能买得起的非富即贵，他们拥有雄厚的财力，对生活品质要求很高。

以上就是我们通过分析小叶紫檀家具的受众特征，找到目标客户群体的过程。

2. 消费者为什么选择我们的产品

对于这个疑问，想必所有文案人都能回答出个七八成，但恰恰是剩下的两三成决定着文案的成败。要想找到最关键的这两三成，我们应该从了解目标客户着手。

打个比方，A和B都卖冰箱，功能差不多，但是B的冰箱销量却远高于A，这是为什么呢？原来，该区域的消费者非常在意冰箱是否省电，而B了解到这点后，在宣传文案上特意突出了节能这一亮点，从而打败了竞争对手。

所以，在宣传推广某种产品的时候，消费者在意的方面就是我们写文案的着重点。了解不同消费者的需求，才能尽可能做到精准营销。

3. 消费者可以帮助我们抓取爆点

有时候因为产品的特色和功效实在太多，我们反而搞不清楚产品的卖点是什么了。这个时候，大家不妨去问下消费者，这是最直接也是最有效的方法。我们可以设计一份调查问卷，询问消费者该产品吸引他们购买的点是什么，然后列出消费者可以接受的价格区间、功能特色、颜色款式等，最后再加上建议一栏，因为有时候消费者的奇思妙想就是那个爆点。至于参与调查问卷的人数，我们可以选取某个区域人数的十分之一，这样得出的结果会较为客观。

深入了解消费者，从他们的角度进行撰写，最终出来的文案就会让消费者觉得"我就是想买这个""它的性能刚好是我最看重的"，销售转化率自然会随之暴涨。

4. 消费者对产品会有哪方面的顾虑

打个比方，如今手机已经成为现代人工作和生活的必需品，消费者在购买的时候要考虑的因素很多，比如屏幕尺寸及分辨率、内存大小、拍照功能等，所以，我们的文案也要围绕消费者的这些顾虑点展开，深入到每个点，消除他们的顾虑，从而打动他们。

5. 目标客户和精准客户的区别

把握客户的核心需求是占领市场的重中之重，也是决定产品销量的关键因素。这就需要我们在每个环节都坚持"客户中心论"，了解目标客户是做好生意的基础。明确目标客户和精准客户的区别，可以让我们更有效地开展产品的营销推广工作。目标客户就是产品拥有的潜在消费群体，这类人群对产品有购买需求，然而又不是一定要买；而精准客户就是那些不仅有需求而且百分之百会购买产品的人。如果我们的文案恰好能够击中精准客户的痛点，那销售转化率必定蹭蹭上涨。

第五章　说到底，营销才是王道

用文案告诉他，我的东西凭什么卖得贵？

消费者在购买一件商品时，排在前三的考虑因素必有"价格"。而贵是相对的，不单单指奢侈品。普通牙膏不超过 5 元钱，为何云南白药就能卖到 20 多元？普通狗粮一斤不超过 10 元，为何冠能品牌 800 克的小袋装能卖到 50 多元？味味美的鸡翅 10 元 6 根，为何麦当劳的鸡翅能卖到 10 元 1 根？

也许你说这是品牌效应。可是这些品牌最初是怎样让大众接受高价的？而且现在很多网络品牌之前并没有听说过，可能仅仅是一个产品详情页，就可以让你兴冲冲买下一款不算名牌、价格还不低的产品。

这又是为什么？不得不承认，没人愿意通过你邋遢的外表，去挖掘你有趣的灵魂。同样，对于新品牌而言，没人愿意通过你蹩脚的广告，去挖掘你产品的内涵。

什么是品牌形象？大多数时候都是靠广告、公关等营销策略塑造出来的，只有这些做好了，消费者有兴趣体验过了产品，才能谈得上口碑。否则，一切都无从谈起。

现在我们要探讨的是：如何通过文案，让消费者愿意为你的"高档"买单？首先，我们必须思考一个问题，在消费者的意识里，便宜和贵到底是什么概念？什么样的产品容易被认为贵？什么样的被认为便宜？

1. 跟消费者收入有关；
2. 跟消费者心理承受能力有关；
3. 跟消费者预期有关。

作为一个文案创作者，我们改变不了消费者的收入，但是能够通过干预消费者的意识，让他觉得这个东西貌似很"高级"，定价很合理。

你卖的产品是什么？消费者认为你的产品是什么？王老吉进入市场

的时候，雪碧、可乐已经把饮料市场占领得水泄不通，如果王老吉自我定位为饮料，强行进入，消费者必然会拿它跟其他卖2元钱的听装饮料做比较，那么它3元多的高价丝毫不占优势，甚至还会有人挑剔它的中药味，也根本不会有后来的"王老吉神话"。但它很聪明地定位为"预防上火的凉茶"，这相当于另外开辟了一片蓝海，如同将一颗水果放入一篮子蔬菜中，有什么可比性？

正是这种重新划分的"新品类"，不但让王老吉中药味的劣势转化为优势，也让消费者在选择的时候，不会用同一标准衡量它，甚至会重新制定规则，因此使其拥有了更自主的定价权。如今，凉茶已经成为饮品中一个重要的品类，销量可观。

那么，用在营销上，怎样让你的产品不必跟其他参选产品用同一标准衡量，脱颖而出呢？

答案就是：重新下定义！比如你卖西红柿，新鲜点、卖相好点也就能比市面上其他家的西红柿价格稍微高几毛钱，而如果，你卖的不是普通西红柿呢？比如它叫"水果西红柿"，叫"圣女果"，主打"像水果一样甘甜的西红柿，生吃专用"。瞬间就将它从西红柿中单列了出来，与其他的西红柿不再属于同一品类。消费者还会再纠结它比炒菜用的西红柿每斤贵2元钱吗？

这种做法的高明之处就在于开辟了一个新的领域，在这个领域里，无人与你竞争，或者竞争对手不多，巧妙避开了红海厮杀，进入一片相对轻松的蓝海。

"一面科技，一面艺术"，这是小米一款高端商务机的广告语，让人印象深刻。其主打的"艺术品般的双曲面"设计理念也让这款手机档次提升，卖出了较高的价格。

再举个例子——无印良品，乍看上去跟路边小店里卖的东西也没什么区别，无印良品的产品还说不上便宜，但是，为什么有的消费者对它如此痴迷？好的原材料和工序保证了商品的质量，使用舒适，这是无印良品能卖出较高价格的一个基础,但仅仅如此,还不足够。因为它的追捧者是一群有情怀、有品位的人。

作为一代设计楷模,无印良品产品表达出来的风格被全世界设计界认为是当代极具代表性的极简艺术体现,正如无印良品设计顾问佐藤可士和所说:"不是非此不可,而是这样就好。"这种追求日常化、虚空、崇尚万物有灵的设计理念,蕴含着艺术审美、生活美学、匠人情怀,简单中彰显着质感。

我们做文案的时候,将产品设计上升到艺术层面,就会无形中给人以高大上的感觉,将其与普通产品区分开来。无论你的公司是卖首饰、卖汽车、卖手机,甚至是卖食品,我们都可以去这么描述我们的产品:做这种造型是缘于何种艺术,或者为什么这样设计,出于什么样的思考,有什么寓意?每个细节是运用了什么艺术原理?从色调、线条、层次角度,从一个艺术品的角度去分析,这是让产品价值感快速提升的有效方法。

什么样的描述能够有科技感呢?其实我们经常在文案中看到"数字化""纳米"之类的字眼,还有航空材料、生物学、人体工程学等,是不是很有尖端科技的感觉?

福特汽车:"硼钢既有刚性,质量又轻,为什么运用得比较少呢?这是由于硼钢的加工工艺十分复杂,而且制造成本高昂,所以硼钢最早运用于军事、航空、核能等领域。福特汽车全系车型广泛采用了硼钢材质,没错,你没有看错,全系车型都有,好车用硼钢,安全有保障。这就是安全,这就是保证。"

OPPO手机:"锂是世界上最轻的金属元素。把锂作为合金元素加到金属铝中,就形成了铝锂合金……这种新型合金受到了航空、航天以及航海业的广泛关注。而这种轻便、坚固、韧性十足的航天级金属被我们率先采用于手机中框之中,以此来更好地保障机身的坚固与韧性。"

米家有品90分旅行箱："为了给你的行李提供坚不可摧的保护，90分旅行箱箱体采用了与高端汽车车灯一致的材料——德国拜耳Makrolon PC材质。

90分旅行箱设计了四挡高度可调节人体工程学拉杆，让不同身高的人也能根据喜好调整推拉距离。"

看到了吧？汽车、手机使用航空材料，旅行箱采用高端汽车材料，一个普通雨伞都能实现的伸缩杆，也被描述成"可调节人体工程学拉杆"，瞬间高大上了，有没有？

淘宝上的"明星同款"多吧？任何东西，一旦跟明星名人扯上关系，身价立马大涨。

营销界很早以前就有这么一个故事：一个出版商出了一本书后托人送给某大作家，并三番五次追问，看得怎么样？实在被他问烦了，大作家对那本瞄都没瞄上一眼的书随口说了句："此书不错！"出版商大喜，立马登出广告："大作家非常喜欢的书热卖！快来看看！"书很快被抢购一空。

过段时间，出版商又把一本新出的书送给大作家，这次大作家怒了："这本书糟透了！"出版商大喜，立马登出广告："大作家非常讨厌的书热卖！快来看看！"书很快又被抢购一空。

第三次送书，大作家吸取了教训，一言不发，不置可否。出版商又登出广告："大作家都难以下结论的书热卖！快来看看！"书很快又被抢购一空。

可见，会借势的人，总能变着法子做营销。靠第三方证明，调动消费者的好奇心，激发消费者的模仿本能，这点千百年来屡试不爽。它比直接去介绍产品或服务优势更容易打动消费者。

如果没有资金找明星代言怎么办？作为高端白酒品牌"茅五剑"三大佬之一的剑南春，为我们树立了很好的榜样。它运用了堪称教科书级别的借势——让李白为自己的品牌代言！

第五章 说到底,营销才是王道

剑南春先是讲了一个故事:李白老家四川江油附近,有个地方叫绵竹,出产一种叫"剑南烧春"的美酒。然后围绕这个故事出品了一系列组图漫画:李白醉酒捞月、李白解貂赎酒、李白穿越古今只为寻找剑南春等,就这样幽默又巧妙地把李白与剑南春建立起了联系,呼应了"唐时宫廷酒,盛世剑南春"的口号,不着痕迹地消费者讲述剑南春的悠久历史,更加坐实了其高端酒的地位。

高价往往意味着消费者购买的不再是单纯的产品,还包括了产品之外的东西——也就是品牌的"无形价值"。限量版在某种程度上就意味着高级、独特。人们潜意识里认为,做小批量产品时势必会在材料的每个工艺、每个细节都精细处理。而如果批量生产,就很可能"萝卜多了不洗泥"了。

今天,越来越多的消费者都追求个性。限量版的产品除了设计优秀、功能突出之外,其核心价值不只在于产品本身,还在于它所能提供的梦想和愉悦感。就像那些购买爱马仕限量包的人,真的只是因为需要一个装杂物的"容器"吗?每个人都有追求更好生活的权利,像爱马仕包大多数产品都是手工精心制作的,被很多人认为是品位高尚、内涵丰富、工艺精湛的艺术品,这样的产品更能凸显使用者的品位。

而"限量"的故事往往非常动人,具备话题性,绝对是很好的谈资。比如小米MIX2斯塔克限量版,荣获某设计金奖,被全球某知名博物馆收藏,全球限量3 000套,机身铭刻设计大师签名,附赠限量版收藏证书。就这样,原本以性价比著称的小米摆脱了"千元机"的束缚,将MIX2卖出了4 999元的高价,还有很多米粉以拥有此机为荣。由此可见,无论任何时候,"限量"对某一部分人就是有强大的磁力,明知道是商家的营销手段,却依然乐此不疲。

想要将限量牌打好,有必要找个限量的由头:纪念某一大事件,为某人特别定制,经典款的限量复刻……总之"欲加限量,何患无辞"?详尽地强调完工度、艺术性等,拉开你推荐的高端品牌与普通品牌的差距。

服务也可以量身定制，将此理念深入人心。

作为一个文案创作者，我们左右不了产品的生产质量，但可以尽可能地去挖掘、提炼产品的可感知价值，帮企业将产品卖出较高的价格。

怎么让普通人肯花钱买些"更好的"

这几年,我们频繁听到一个词:消费升级。即使一个月薪2 000元的人,也有可能买几件高档品。

首先需要思考下,消费者为什么愿意为高档品买单?如果说经济宽裕的人一切追求高品质,那么普通大众在手头没那么宽裕的情况下,买高档品究竟是为了什么?如何通过文案,短暂性唤起消费者消费高档品的欲望?我们不难发现,消费者购买商品的原因,大体分为两种:为了满足基本需求和为了满足更多欲望。

基本的需求很容易满足,不需要买高档品;那么显而易见,凡高档品,满足的都是人的欲望。简单而言,就是人们对生活质量的要求提升了。如果推销的是高档品,我们需要问自己:你的文案,激起的是消费者的需求还是欲望?我们将文案唤起分为3种:①表层唤起,只需描述功能;②情感唤起,表达内心诉求;③深入洞察,唤起深层欲望。

第一种明显起不到短暂刺激高档品消费的作用,那就从情感和更深层欲望入手。

一、赋予特殊意义,打消他的顾虑

"人们因为情感而购买商品,并用逻辑证明其正当性。故而要通过触及人基本的欲望和需求来激起其情感反应。"——"阻滞力的七个原则"

消费者不是慈善家。掏钱的一瞬间,是人最脆弱的时刻,她有兴奋,也有恐惧——害怕损失的恐惧。我们有必要让消费者感觉:钱花得值,买了其实是省钱了,收益大于付出。

动辄几百上千元的玫瑰、巧克力贵不?为什么在情人节,购买者依旧趋之若鹜?可见贵与值,就在一念之间。对消费者来说,有意义的东西,就值得买下来。有的是为了博红颜一笑,有的是为了自己开心或者安心。

此外,还有"买一杯水,就向红十字会捐款一角钱",类似这样的概念,都是赋予了消费一种特殊意义:我不是在消费,我是在做公益啊。

大多数时候,人们更在乎的不是花了多少钱,而是省了多少钱。两个档次差不多的东西,一个是一直标价199元,一个是原价299元,限时特价199元。你会买哪个?

在潜意识里,大家都会作出反应:哦,这个东西本来就值199元,而那个值299元,我现在花199元就能买到,太划算了。

划算,是驱动消费者下单的一个重要动力。这就是商场为什么动不动就挂出三折起价的促销牌子,却偷偷抬高了原价。结果证明,即使消费者花同样的钱,买到质量差不多的商品,心里也会觉得打了三折的产品更有满足感,因为原价和折后的反差,让消费者感觉买到就是赚到了。

还有一种情况,就是你的产品比同行卖得贵。怎么办呢?如果你实在用不上进口原装、尖端科技,那就试试揭露内幕吧。

比如你是卖精酿啤酒的,其他酿酒厂家为了降低成本用玉米代替,为了赚快钱压缩发酵时间,那你就可以说:我们的产品用的是纯麦芽,充分发酵,口感好,营养超普通啤酒5倍以上。

其实,不管是卖什么产品,都可以包装一下工序。做食品的,挑选食材原料标准挑剔,如选鸡蛋只选7~8厘米之间的,加工经过多少道工序。

卖化妆品的,可以说你的化妆品品牌比一般品牌多两道工序,将材料加工到纳米级别,这样的效果是,吸收效果提高了3倍。

人在花钱的时候容易犹豫,尤其拿着的是家庭收入而不是个人收入,或此次支出在预算之外的时候,心里会有负罪感。我们要做的是,减轻消费者的负罪感,让消费者花钱花得心安理得!

比如,一位女性消费者看到一个净水器,想买,又觉得太贵,3 000多元呢,是一家人半个月的吃喝开销了。这时候如果有人跟你说:吃的东西再好,喝的水不好有什么用?自来水里的铁锈、重金属、细菌不是烧开就可以除掉的,这些有害物质时间长了会引发身体疾病,特别是对小孩子,有可能影响身体发育。

3 000多元,能让一家人喝上干干净净的放心水,多么划算!对,又不是为了自己,而是为了家人,为了孩子,花多少钱都值。人都有一种焦虑感,也就是缺乏安全感。这些花销,如果你去问,大多数人会告诉你:"为了将来啊。"国人担心养老、担心失业,担心孩子输在起跑线,未来比别人差。所以,要提前投资。其实,除了房子、培训学习,很多行业都可以认为是提前投资。

保险行业——万一将来真遇到事了呢?健身、养生行业——为了将来健康长寿。化妆品行业——为了将来不会变老变丑。食品行业——就要吃健康的,为了将来不生病。哪怕是买身品牌衣服,也是投资自己,为了看起来像个人物,积累人际关系。

中国有句老话:"生于忧患,死于安乐。"我们做文案,可以充分利用这种忧患意识,把"消费"包装成"投资",用今天的消费减轻对未来的焦虑。做广告,卖的是产品,赚的是现金,而消费者花的是现金,买的是未来。

"对大众品位严重过敏者,请到中兴百货挂号,三日不购物便觉灵魂可憎。"许舜英很早以前就意识到了优越感的重要性。没有谁喜欢被人认为是"大众品位"。没钱不意味着没个性,也不意味着甘于现状。

同样是咖啡,虽然雀巢咖啡的销量和使用频次都远高于星巴克,但星巴克的微博粉丝是雀巢的两倍,说明对星巴克这个品牌感兴趣的人明显更多。如果你留意过,就会发现,那些汗流浃背挤地铁的,和背名牌包、拿苹果手机的,竟然是同一批人。

究其原因,中国消费者的消费观在几十年间发生了巨大的变化,拿购买运动鞋来说,很多人可能经历了这样的轨迹:杂牌—名牌—某体育明星同款运动鞋。早几年中国消费者在购买衣服时讲究物美价廉,而如今的新一代消费者,更在意品牌和产品是否符合自己的身份和品位。

而品位的背后不是收入的高低，而是在有限的收入条件下达到最优。所以，踮起脚尖就能够到的轻奢品特别受欢迎。苹果手机这样的产品，已经不单单是一款电子产品，更是代表了一种生活方式，寄托了普通人追求更高品质生活的欲望。

我们为这类高档品做文案时，只需把产品和这些与生俱来的欲望接通即可。让消费者感觉自己的形象符合该产品，或者借由该产品能提升自己的形象。

菲利普·科特勒在《营销管理》中指出：人的消费行为容易受到参考群体的影响。每个人都有渴望加入的群体，也就是崇拜群体。因此商品除了满足使用需求，还具有人群标志属性，给消费者一种感觉："买的人真的更会被大家赞赏羡慕。"比如苹果手机，其消费者无疑是想告诉别人：看，我是精英！

同样的常见心理还有：看我多专业！看我多有品位！看我多有个性！

理发店为了彰显专业，总是使用一些生僻品牌的产品，让大众感觉专业的就是不一样。因此包装产品时，如果不是大品牌，但质量又不差，就可以打专业牌。如××电吹风机的文案，就突出"发廊专用"：

蓝光离子水润护发，

造型师的实力担当，

六挡动态风，随意打理各种发型。

瞬间，一款不知名产品就变得格调满满。如此一来，专业的美发人员为了显示自己的专业性，可能就会锁定它；其他普通的家庭美发者，为了让自己显得专业，在家就可以享受发廊级别的护发体验，也可能会舍弃那些家庭用电吹风，而买这款发廊专用的产品。

其实无印良品也采用了同样的策略，它出售了一种极简的生活理念。在都市人生活和工作节奏越来越快的今天，很多人认为，无印良品的舒适，是一个简单而干净生活的开始，也是另一种独特个性和品位的体现。专业、品位、个性，这些都属于人们渴望得到的"社交优越感"，文案要让消费者觉得，买了你的产品，能够让他更自信。

微信公众号曾经有一篇文章叫《去年的衣服再好也配不上今年的你》，说出了多少女性的心声！人，总是想为"买买买"找个理由，钱才能花得心安理得。

忙碌了一整年，也该犒劳一下自己了，买个新手机吧！

这个月加班那么多次，该去吃顿大餐了！

这个月业绩不错哦，去买个包包奖励一下。

很多朋友应该都有过这样的经历。这个时代，年轻人中推崇"及时行乐，享受人生"，各类"鸡汤"也鼓励女性"女人，就要对自己好一些"。利用这一点，试着写几个文案吧。

昂贵的晚霜，撑起工作时的不诉离殇。——××面霜

只有看见精致的包包闪闪发亮，才能忍受干活时的满面沧桑。——××皮包

"好货"也"便宜"

都说"便宜没好货",人们虽然痛恨高价,同时又对高价有心理依赖——不想买便宜的,免得被劣质产品给坑了;不想买便宜的,免得看起来廉价。

一款铂金项链只卖100元钱,你敢要吗?不敢,因为我们质疑这款项链是有问题的。这就是消费者通过价格来感知这款项链的价值。所以低价并不意味着好卖货。

事实上,由于品牌定位不同,一些新崛起的品牌和谋求转型的品牌,都尝试走"物美价廉"路线,以求用"性价比"打动消费者。打"性价比"牌,并不意味着要舍弃消费水平较高的消费者。如何让人安心购买低价品?我们来详细探讨。

如果说用苹果手机是一种炫耀,那么用诺基亚也可看作另一种炫耀:看,我多低调!看,我就是这么与众不同!

不得不说,小米的广告语"为发烧而生"是何等高明!买小米不是因为买不起贵的手机,而是手机发烧友。与其他大众区别开来,瞬间显得高大上,不用担心被取笑"买不起"贵的手机。同样高明的还有甲壳虫:

你因为收入太丰而不便购买吗?

总结这类文案技巧,就是塑造一个目标消费者的崇拜群体(如手机发烧友),再将你的产品与这个群体打通。

如果你是一位商场服装导购,进来一位穿着时髦、挎着名牌包、妆容精致的女性,你一上来就对她说"这边商品打三折",或者说"给你介绍几款经济实惠的",你觉得她会感激你吗?不得不说,通过自身努力好不容易显得光鲜亮丽的白领们,最怕的可能就是买便宜货,暴露自己生活品质不够高。

第五章 说到底，营销才是王道

我们不难发现，商品在降价的时候总会找个理由，比如"厂家直销，没有中间商赚差价"，由此，让低价合理化。

网易严选的文案是"好的生活，没那么贵"，先肯定了消费者的高品质生活，又打出低价牌，理由是：与工厂签约合作，原单销售。

唯品会也不错："都是傲娇的品牌，只卖呆萌的价格。"找的理由是"断码断号"，并不影响品质。穿名牌和少花钱都满足了，还有什么可顾虑的？

如果是同样的东西，谁愿意花比别人高的价格买下来？与被嘲笑买不起相比，智商侮辱更是不能忍。

"这个化妆品品牌没听说过呀！""亲爱的，那些您听说过的品牌，大多是广告产品。羊毛出在羊身上，那些请明星、巨额投放广告的费用，不都加在零售价上了吗？我们的产品把广告费用省下来，用在技术研发上，用的都是真材实料，价格也公道，直接让利给消费者。"

小米最开始就是以"揭露手机行业暴利"而问世的，树立了一个正义的形象。创始人雷军说过，便不便宜，并不应该算一家企业在市场推广、广告渠道层层加价里面花多少钱，而应该算一家企业在原材料和制造成本中花多少钱，在研发上面花多少钱。

他还解释："我就是把几乎所有钱砸在一两个型号上，卖到一个天大的数量，这样分摊到每一个产品里面的研发成本就相对偏低。我举一个例子，有的同行花 1 000 万元做一款手机，1 年投 10 亿元做 100 款。我直接砸 1 亿元只做 1 款。其实单款手机我的研发投入是他们的 10 倍，但是总研发成本我只有它的 1/10，当我的产品销量是它 10 倍的时候，我们分摊的研发成本非常低。这就是我们为什么能够卖得这么便宜。"

雷军说："消费升级不是东西卖得越来越贵，而是同样的价钱可以买到更好的产品，提升大家生活的幸福指数。"看看，这个目标够远大，也够正能量，格调满满，一点都不跌份儿。

所以，每一次促销，都有必要告诉消费者：为什么这么便宜。让其在知晓内幕的情况下，感觉自己的选择是明智的。

百雀羚品牌拥有 90 多年历史 v，是成立最早的经典国货护肤品牌。但给大众的印象始终停留在香味扑鼻、奶奶辈护肤品，被欧美大牌和日韩潮牌击得溃不成军。直到 2013 年，百雀羚套盒被作为"国礼"赠予了坦桑尼亚妇女与发展基金会，一时间该品牌消费者问询量突增数倍。从此，百雀羚摘去了"过时、奶奶辈"的帽子，借着这股东风，打了场漂亮的翻身仗。

"比我有钱有名的人都在用"，有了这把保护伞，低价品就不再是低端的代名词。还是再以甲壳虫文案为例："华盛顿的惊人内幕——华盛顿超过 1 200 名外交官都在驾驶这种小轿车。"

首先需要明白一点，消费水平再高的人也需要省钱。就算是收入颇高的白领、金领甚至企业家，也可能会有在菜市场跟小贩砍价的时候。事实上，很多靠自己辛苦打拼实现财富自由的人，花钱都不是肆无忌惮的。

买 ×× 车，省下的钱送孩子上更好的学校。

×× 婚纱套系，省下的钱去度个蜜月。

×× 现房虽然离市区远了点，省下的钱还可以添一部车。

别把钱全花在手机上，你还可以去旅行或买游戏装备。

厉害了，本来只打算买一套房，这一下就变成车、房都全了。再如，有了星巴克，为什么还是有人买雀巢？因为雀巢咖啡"跟现磨味道一样，省出时间做更重要的事"。

需要注意的是，如果你的消费者是有钱人，在描述关于"省"的话题时，不能显示出浓浓的廉价感。要让他们感觉，省钱不会降低他们的生活品质，相反，会让他们过得更加惬意。

使用场景不同，选择标准不同。比如一次性产品，就不需要对品质有太高要求。我们做文案时，只要将产品的功效、使用场景重新定义，就可以重新打开局面，比如：

穿耐克出场，穿安踏训练。——安踏

咖啡是用来觉醒，而不是拗造型。——肯德基为什么卖低价？给出确切的理由，比如想买特价鞋，只有选择限定款式、颜色才能享受。如果恰好是你看中的，或者没有太高要求的消费者，就可以开心地把鞋子买回家了。

这种做法可以应用于很多行业。比如开发商推出特价房，只限于特定楼层或户型；比如有关部门卖车牌号，随机发的可享受特价，如果想选特定号码，不好意思，你得另外加一些钱。这样一来，无论是否享受特价的消费者，都会获得各自的心理满足。

抓准消费者心理，消费者一定"买买买"

都说销售要"察言观色"，文案作为幕后的销售，虽然不能面对面对消费者察言观色，但透过现象洞察消费者，无疑是一门必修课。一切营销，都与洞察有关。

世界变化太快，很多营销人都在焦虑——焦虑这一代的消费者跟以前太不一样了，一些上了年纪的老板也说，真是越来越不懂现在的年轻人了，这样会不会就要被时代淘汰了？

虽然市场千变万化，每一代消费者都有特定的时代标签，但人性是不会变的。无论他是"50后""60后"，还是"90后""00后"，人性中固有的一些特点，或者直接说是弱点，本质上都是一样的。营销人只要抓住几个最普遍的消费者心理弱点，将其巧妙利用，就不必担心在时代的浪潮中被淘汰。

俗话说："事不关己，高高挂起。"人们潜意识里对自己的关心会比别人多。《如何把人变成黄金》中写道："停下一分钟，把你对自己之事的感兴趣程度和对他人之事的冷漠做一个对比，你就会知道，其实世界上的其他人也都是如此。"如果你的营销广告不在消费者的关心范围之内，使其感觉与"我"无关，便不具备吸引其注意的功能，更别谈说服和促使消费了。

比如一个家庭主妇看新闻的时候，她可能不会关心某个著名篮球运动员退役，也不会关心某科学家又获得了诺贝尔奖，但当出现"毒奶粉已导致多名儿童出现中毒症状"这样的新闻时，如果她有正在喝奶粉的孩子，她一定会瞪大眼睛仔细看的。

所以说，"与我相关"是广告进入消费者法眼的必要条件。人们对你的新技术黑科技不感兴趣，除非你的产品能让他们的生活更便捷，或者显得他们自己更有学问；消费者不会关心你搞什么 10 周年庆典，除非你能在活动期间提供物美价廉的商品或服务。消费者不关心你如何妙语连珠，他只会想：别啰唆，快告诉我，你的产品对我有什么好处！

所以，文案创造者的对策是：让一切广告都与"我"相关。

一、将你的产品优势转化为消费者的切身利益

我们再来看看之前提到过的"自嗨型文案"。什么叫"自嗨型文案"呢？举个简单例子：

全面屏 2.0（5.99 大屏）

4 轴光学防抖相机，

全新导管式微型听筒。

听着挺高大上的，然而，关消费者什么事？说白了，这些只是你的产品特点而已，而消费者需要的，是与他们相关的利益。

全面屏 2.0？5.99 大屏？然后呢？

4 轴光学防抖相机？然后呢？

全新导管式微型听筒？然后呢？

把产品可以给消费者带来的利益，尤其是和他们生活密切相关的利益，明确地说出来，这样才算真正跟消费者产生了关系。

全面屏 2.0，5.99 大屏——更大屏幕，带来更纯粹的观看体验。

4 轴光学防抖相机——阳光、暗光、单手，都可以稳定清晰地成像。

全新导管式微型听筒——即使在嘈杂的环境中，仍可保持清晰的听音效果。

这样，把优势转化为对消费者而言实实在在的利益后，是不是耐看多了？

二、将你的产品与消费者关心的事物关联

一个女人，可能不是很在意鞋子本身，但在意被人评价"活得不精致"，在意鞋子给她带来的身材、仪态改善。于是文案就可以写成：

女人穿上高跟鞋后，说话的声音变了，走路的姿态也变了。

尖头无限拉长腿部线条，浅口设计露出脚背和脚踝。

优雅细跟让每一步都摇曳生姿，时而如猫咪般轻盈，时而又风风火火走出气场。

砧板，本身是个不太容易被人注意到的小物件，很多厂家的文案都在强调砧板的"坚固，一年内不开裂"，可是，这么一个花不了几块钱的小东西，一年内开不开裂重要吗？大不了再买一个。而有个厂家就另辟蹊径：《别小瞧了砧板！关系到你全家人的健康！》

美国哈佛大学的一组研究数据显示，日常家用木质或者塑料砧板，细菌含量高达2.6万个/平方厘米，比家用的马桶盖还脏！

而拼接砧板中用于黏合的胶水，不可避免地含有甲醛，这些有害物质随着食物进入人体，可能出现食欲不振、腹胀、腹痛等症状，摄入得多还可能引起胃黏膜的糜烂、溃疡，甚至胃穿孔。

××稻壳砧板，真正的无甲醛健康砧板！稻壳由于本身具有较强的杀菌功能，加上该款砧板在生产的过程中加入了高科技纳米银，可以在数分钟内有效杀死650多种细菌！

小小的砧板经过这么一包装，马上变身成了关系到全家健康的重要物件。如果你看到这样的描述，是不是也会下意识地看看自己家的旧砧板，然后萌生出换砧板的念头呢？

三、多用"你"

跑步前不要站在镜子前去想路会觉得你的装备怎么样。

你没必要听那些笑话还假装很好笑。

路不会在乎你涂唇彩了没。

多大年纪都不要紧。

你不会觉得不爽，因为你比路赚的钱多。

不管离你上一次约会过了几个小时还是一天，你都可以在路上打电话，只要你想，随时。

路所关心的只是你间或地来看它一次。

耐克，无游戏，唯运动。

这则经典的Nike广告，通篇都以"你"的形式出现，且不说它的内容扎心，单单是这个形式，已经小胜一筹了。

健身，是为了让他人心平气和地跟你说话。——健身房

广告中使用"你"，能够使目标人群迅速进入角色，产生情感；而且第二人称式文案，读起来就像两个人面对面或者一对一交流，感觉更加亲切、随和。

四、直接把目标消费者喊过来

月薪5 000元以下的文案人员都进来！

家里有小孩的都该看看！

类似这样的文案，在微信公众号中不少见吧？如果你正好是符合条件的人，是不是会被它吸引呢？无论是公众号等新媒体，还是传统的户外广告，这招都屡试不爽，因为这让人感觉说的就是他自己。

曾经有一段时间麦当劳的喇叭一直在喊"叫你呢，叫你呢"，我留意过，很多人都会像我一样回头去看。真是个有趣的恶作剧。我们做文案的，如果你的消费者涉及面特别广，你找不出一个合适的人群概括，不妨试试将其统称为"那个谁"吧，一样有奇效哦。

那个谁，你的中秋节礼物到啦！

五、给消费者"特别"的待遇

卡耐基说过："人人都希望是世界的中心，人人都希望获得别人的重视。"我们每个人都喜欢成为众人的焦点，获得别人关注的目光，让自己成为这个世界的中心。

事实表明，一个消费者在面对商品，觉得价格稍贵而犹豫不决的时候，如果导购悄悄地对他说："现在买的话，我可以另外送你一个小赠品，数量很少，一般人可没这个待遇哦。"尽管赠品可能并不值钱，但这位消费者很有可能因为被重视、被优待而下决心购买。

同时，人们也更喜欢关注自己的人。两个陌生人见面时，如果其中

一个说:"你看起来很不一样,那么多人,我第一眼就注意到你了。"那么,他们很有可能成为好朋友。

"特别"这个词在任何时候都不会被认为是在敷衍别人,因为每个人都或多或少觉得自己与众不同。因此我们做文案的时候,也要向消费者传达这样一种信息:你是个特别的人,我们很关注你。

万通筋骨片的广告语"一般人我不告诉他",就让消费者感觉自己不是一般人。

六、抓住消费者害怕失去的心理

女性喜欢都打扮得漂亮,也渴望得到别人的重视。所以在卖口红时,别忘了告诉她:"这个颜色配上您的肤色,真是吸睛,保证回头率百分之百。"

"最怕的其实不是付出了得不到回报,而是用心付出了反而还招人嫌弃。"这句话流传很广,击中了很多人的心理:很少有人是付出不求回报的。举个健身房的例子,正面诱惑:"来健身房,变得更苗条。"反面恐吓:"不来健身房,失去好身材。"

所以这点被很多行业利用到了营销上。一方面让消费者感觉好处唾手可得,另一方面让消费者担心失去。把握好以下4点就够了:

1. 小付出,大收益

很多微商和招商加盟广告就是这么写的:2万元开店,年赚20万。2万元和20万元一对比,让人感觉太划算了。

2. 确定的收益

人总是趋于规避风险的,即使想获得好处,也会衡量收益和成本。比如有的人懒惰的借口是不能看到眼前收益,对于一个虚无缥缈的结果,现在却要每天付出努力。

所以我们做营销,要站在消费者的角度,理解消费者这种当下的付出和不确定收益之间的矛盾。还是举招商广告的例子:

堂食+外卖,多渠道售卖双重收入。每天每人消费20元,一天早中晚三餐，只需达到有 27 人进店，一年 20 万元轻松赚到！

这么一讲，一年 20 万元也不是没有根据的，瞬间显得预期收入比较明朗了。

3. 马上收益

每天都有进账，收回 2 万元成本只需 36 天！剩余的 300 多天所得，都是纯利润！

这种算法当然是存在漏洞的，但是在说服消费者的时候，明确地让消费者看见收益却是必要的。怕得不到，更怕失去，这两种方式还可以交互运用，形成反差，冲击力更强。如：

与女孩约会，你花了 5 000 元置办了一身行头，却毁在 10 元的劣质领带上。

4. 鱼和熊掌想兼得

俗话说，鱼和熊掌不可兼得。但很多人都有选择困难症，比如选择电脑时会陷入纠结：配置高的电脑可能较厚重，不方便携带，平板电脑使用范围窄，怎么办？这时候二合一电脑出现了，顾名思义，二合一电脑，就是具有高配置的计算和应用功能，也同时具有平板电脑的便携及娱乐功能。

是的，与其让消费者舍弃一样，不如全部满足！所以各个行业中，二合一、三合一之类的产品，销量普遍不错。

事实上，除了上述几点外，人性还有善妒、易自卑、易焦虑、怕后悔、怕孤单、怕麻烦、爱拖延等，作为文案人，这些都是我们可以借用的人性弱点。

文案要拣好听的说

"丑是一种病,得治!"看到这样一则文案,你会为它买单吗?普通人当段子看,也许还觉得犀利有趣,但那些经常被人嘲笑"丑"的人呢?这样的文案,只会瞬间激怒他!

你是谁?你凭什么批评我?《人性的弱点》中有这样一个故事:有位40多岁的男人想学跳舞,第一个舞蹈老师直接告诉他:"你的舞步完全不对,必须再从头开始学。"他听了之后心灰意冷,把舞蹈老师辞退了。第二个舞蹈老师却对他说:"你的舞步的确有些过时了,不过基本步子还是正确的,有这样的基础,想学好不是什么难事。"并且赞美他"你的舞步有一种自然流露的韵律感,你真是个天生的舞蹈天才"。虽然明知自己充其量只是个四流舞者,但这样的赞美之词却赐予了他一种神奇的力量,让他瞬间感觉自己的舞步优美起来了。

事实证明,就算在生活工作中,批评指责除了让人产生不快,很少能有真正的效果。妻子抱怨丈夫不求上进,丈夫并不会因此就积极上进了;上司指责下属工作不认真,大多数下属只会心生愤恨,也许就开始谋划跳槽了。因此,我们作为文案创作者,卖增高鞋垫时,不要说"矮个子没有前途"。你可以售卖恐惧,却不可以批评指责。

《人性的弱点》中也指出:"当人们被对方说服,不得不违背自己的真心来'接受'某种观点时,他在心中依然会执拗地坚信自己是正确的。是的,人性如此。能在别人的批评指责中反思的人,都不是一般人。而我们做营销,是要把货卖给普罗大众,我们不是老师,不是家长,何必做这种惹人厌的事呢?"

很多人讨厌微商,也许并不是讨厌微商本人,而是讨厌大多数微商那些肆无忌惮的言论,比如"不要问我能赚多少钱,当你问这个问题的时候你的思想还停留在帮人打工的阶段，能赚多少你得问你自己"，还有"当你把自己想得很不值钱时，你会发现所有的东西都很贵！当你开始看重自己的时候，你就会觉得再贵都没有我贵"。诸如此类，看似说得很有道理，实则是在践踏别人的颜面。

很多时候，你以为别人听进去了就会买你的东西，但事实上，人们一看到批评，第一反应是逃避，而不是反思。他们只会远离你、拉黑你。所以我们要鼓励消费者，让他对自己有信心。

同样是化妆品广告，比起那些动辄就说"再不保养就是黄脸婆了，老公以工作为借口，不爱回家"这样的说辞，有一个新生代美白品牌就做得相当好。

东西要找好吃的，恋爱得找喜欢的，气色每天都要好好的。

看别人的脸色，不如看自己的好气色。

鼓励消费者，你才能跟消费者更近，消费者才会把你当作"自己人"。

京东金融有支广告"你不必成功"："你不必把这杯白酒干了，你不必放弃玩音乐，不必出专辑，也不必……"不得不说，京东是洞察人性的高手。无论是大人物还是小人物，都会有不想改变的特性。有的人固执，认为自己现在就挺好，不想改变；有的人缺乏安全感，规避风险，安于现状，这是骨子里就有的基因。如果你不顾一切地试图去说服他人，只会招来他人的反感。与其说教，不如迎合他们本来的认知。这就要学会不与消费者的执念作对。那么，哪些属于执念呢？

首先是道德观、人生观。比如有的人认为，人生就是要努力奋斗，不然就是虚度光阴；而有人却认为，追求功名利禄没有什么意义，享受生活中平凡的风景才是真。

这样的观念冲突，很难说清楚谁对谁错。假如持有完全相反观念的两个人，一方执意去说服另一方转变得跟自己观念一致，最可能的结果就是争吵，不欢而散。

道德观、人生观都绝非一朝一夕形成的，跟家庭出身、生活环境、教育背景都有关系。我们做营销时,高明的做法是改变行为,而不是观念!确切地说,是改变消费者特定场景下的行为,不要试图去用一篇文案扭转消费者的观念。怎样叫"改变消费者特定场景下的行为"呢?举个例子,一个把"勤俭节约"当作传统美德的老人家,怎样让他买一款高档电动车?

　　有了××电动车,送孩子上学,不再怕迟到了!

　　老人家是节俭,可是不会在孙子上学的问题上节俭。为了送孙子上学,花千把块买个电动车,值!

　　那么面对一个潜意识里认为"贵就是好"的人,怎样让他买一个相对低价的东西?"穿耐克上场,穿××训练"这句文案就轻松解决了问题。不否定他原有的观念,但告诉他,不同场合需要不同的鞋子,没必要一味追求贵的。

　　除了道德观、人生观,还应注意不与消费者考虑很久后做出的决定作对。作为成年人,最让人无法忍受的就是智商侮辱!一个你考虑很好久才做出的决定,被人一句话就否决了,你是什么感受?

　　做乙方的营销人员应该特别清楚这种感受,你熬了好几个通宵做出来的方案,被客户说了句"还是差那么点意思"就否决了,你是什么心情?

　　我们的消费者也是如此。假设你去买沙发,预算只有4 000元,而你到现场看上的一套沙发却标价5 000多元,你的执念告诉你,不能超出预算,但这时候导购走过来跟你说:"考虑性价比当然很重要啊,不过,这种材料完全无味,不含任何有害物质,有什么比您的健康更重要的呢?您说呢?"

　　这就运用了一招——不改变消费者的观念本身(性价比),只改变其观念的重要性(健康>性价比)。由于其融入的附加信念(健康第一),与消费者的现有观念并不矛盾,因此不会受到消费者抵制。

　　这种情况下,只要用自己的观点潜移默化地影响消费者就可以了,最终还是把主动权交给消费者,让消费者自己做决定,行使消费者的权利,获得其作为成年人的智商尊重。

你有没有过这样的经历：穿着新买的裙子走进办公室，被同事夸一句"你今天真漂亮"，心情顿时好起来。熬夜做出来的方案，获得了领导和同事的夸奖"很棒"，是不是感觉几天来的辛苦都值了，工作更有干劲了？

根据马斯洛的需求理论，尊重的需要是第四层次的需求，男女都有，而赞美在一定程度上即代表尊重。人们有一种普遍的意识：你赞美我，说明你打心底里是认同我的。

我们就要对消费者的这种心理予以尊重，对消费者献出真实的赞美、欣赏，让消费者感觉到我们对他的认同。法国作家安东尼说过："我没有任何权利去对别人眼中的世界加以评论或干预。在我眼中他是怎样一个人根本不重要，重要的是他会怎样看待自己。伤害他人的尊严是一种犯罪。"

比如一件颜色很跳跃的亮橙色风衣，不是很容易售出，刚好有一位女士试穿，这时候，我们要做的是对她说："哇，这种橙色很少有人能带起来，但是像您这样肤色白、气质好的人穿上，瞬间就显出品位了，走在街上回头率一定很高。"

同理，写文案的时候，我们这样写，也会让消费者更愉悦：

妈妈是美人，不该被岁月侵袭。

爱敷面膜的女孩，过得都不会太差。

不动声色做营销

"怎么又是广告,烦人!"这是我们印象中常见的情景,在很多人心里,广告就像苍蝇一样,无处不在,赶都赶不走,十分惹人讨厌。

在写这个话题前,我问了身边的很多人:"你讨厌广告吗?"也许因为我自己本身是个做营销的人,他们给我的答案是:"不讨厌啊,没有广告的话,有时候还真不知道买哪个。"也有人说:"一般不讨厌,但是看电视剧或者打游戏时突然跳出来的广告,打扰我了,特讨厌。"

在营销过程中,我也问过消费者:"你怎么看天天在电视上打广告的化妆品品牌?"50%以上的人回答:"那些都是名牌啊,有明星代言,看起来比较高档。"我也细心观察过很多消费者,他们在超市挑选商品的时候,会下意识地自言自语:"哦,我天天在电视上看到这个牌子,就它吧。""这是什么牌子?没听过,算了,还是去买知名品牌吧。"而他们眼中的知名品牌,大多数时候就是广告品牌。这样的话绝非我凭空臆想,而是真真切切从消费者口中说出的,并且他们的购买行为是骗不了人的。哦,奇怪了,消费者并不讨厌广告,更不是讨厌广告产品。那为什么印象中,人们会本能地抗拒广告呢?

想象一下,假如你急急忙忙赶着上班,突然一张传单伸过来,挡住了你的去路,一个销售人员走上来,喋喋不休地给你介绍零首付买房子,你会做何感想?一般人都会心生不悦:"你挡住我的道了,浪费我的时间了。"

换一种情景。寒冬腊月,你乘坐的飞机晚上 11 点才到达目的地,而你没有提前预订酒店,出了机场正发愁去哪住呢,这时候一张传单伸过来,挡住了你的去路,一个销售人员过来说:"先生,要住宿吗?我们酒店就在机场旁边,步行 200 米就能到,晚上 11 点以后入住还可以享受八折优惠，你需要详细了解一下吗？"瑟瑟寒风中，你会做何感想？你会不会觉得，面前这位销售员是雪中送炭啊！

这样看来，消费者为什么讨厌广告就一目了然了：1. 广告有没有跟他的目的相冲突？ 2. 广告是否跟他的利益有关？

凡打断消费者计划和与消费者无关的广告，都会被当成"骚扰广告"。比如电视广告一开机就有强制视频广告以及浏览网页时出现的弹窗广告。

除了上述两点之外，有调查显示，令人讨厌的广告还有以下几种情况，比如"王婆卖瓜，自卖自夸"的硬广告、低质量假冒产品的欺骗性广告，有些广告不恰当地对产品信息尤其是功效进行夸大，甚至无中生有，传播虚假信息，欺骗消费者上当，导致消费者不仅对假广告反感，连带着对真广告也小心提防起来了，还有出现频率太高的广告，或者展现突兀僵硬的无聊广告。了解什么样的广告会被厌恶之后，针对以上几种情况，我们来逐条破解。

这一点看似简单，做起来并不容易。因为同一个人，兴趣点却会出现阶段性的变化。比如一个女性，对外形很在意，她关心的广告都是如何快速减肥，怎样保持好皮肤，但过一段时间，她怀孕了，她的注意力一下子就从美容减肥转移到吃什么对胎儿好。这时候跳出来的减肥广告就很可能就会被其列为"骚扰广告"。

怎么办呢？有的平台在这方面就做得很好，比如"你关心的，才是头条"。发现消费者近期在关注什么、搜索什么后，主动推荐，这种广告的点开率高，不会被消费者反感。消费者有一种被尊重的感觉：这是为我量身定制的。

还有一种办法，就是给消费者选择的权利。2015 年农夫山泉在几个视频网站投放了一则时长为 135 秒的视频广告《最后一公里》，但出乎意料的是，广告开始前，低沉的男声提醒出现了：农夫山泉提示您，此广告可无条件免费关闭。

可以想象，消费者们已经被视频网站 60 秒甚至更长的广告"折磨"

得烦不胜烦,农夫山泉来了这么一招,消费者心里在说"谢谢你可以关闭之恩",然后对它好感度倍增。

这则广告播出不久就刷屏了,当时还被业内称为国内视频网站广告诞生以来,宣传效果最佳的一条广告。后台数据显示,直接跳过农夫山泉广告的消费者只占30%,接近70%的人观看时间超过30秒甚至看完,甚至有很多留言称是专门来看农夫山泉广告的。也有网友自觉转发了广告,并评论:广告做得走心、精美也就罢了,偏偏还这么人性化,去超市买水的时候自然也会对它更关注一些。

除此之外,我们在做文案之前,也要考虑怎样才能让消费者感觉没有被打扰。比如微信朋友圈,原本就是用来看朋友近况的,如果文案做得比较有人情味,而不是冰冷地插入广告,会不会就能好一些呢?I Do(婚戒品牌)曾经在微信朋友圈投放了一支 MV(音乐短片),文案是:

陈奕迅唱《I Do》给你听,一生"I Do",一声我愿意。

没有产品植入,只是与陈奕迅共同演绎从牵手到白头的爱情。但这则"最不像广告的朋友圈广告",却准确地传递出了品牌的价值主张,不但不会被讨厌,反而情意满满,让人欢喜并引发讨论。

这则广告的最高境界,就是让消费者感受不到广告的存在,而当成是平台本身的内容。如果实在做不到,就在要打广告时提前告知,以表尊重吧。

如果男性消费者浏览微信时看到一则广告"女生生理期需要注意什么",这样的广告与男性无关,但是如果再加上一句"为你的女朋友或妻子备着,肯定有用",是不是就变得与他相关了?

一则卖电饭锅的广告,如果消费者家里已经有类似产品,并且没有购买的打算,怎样才能变成"与消费者相关"的信息呢?简单!与消费者关心的话题联系起来!"孩子不爱吃米饭?也许是电饭锅的错!"

如果换成炒锅呢?你可以写:"不想被油烟熏成黄脸婆?试着换口锅。"孩子、爱人、美容,这些经常被关注、经常被谈论的话题,比你卖的炒锅、电饭锅本身要有趣多了。

其实冷静下来想想，街头广告上的美人，本身就是城市里的一道风景线。如果电视不插播广告，连续追几十集电视剧，也是一件很累的事情。这么说来，广告有时候是可爱的。

接过传单一看，密密麻麻没亮点。路过垃圾桶随手扔掉！网络视频前的广告，声音太大好吵！微信朋友圈的广告，卖面膜的微商总是"卖爆了""热销中"这样的说辞，硬生生暴露了他们的文化程度。

"天天发一样的，有没有点新意？"

"无趣！"

"低俗，雷人，没内涵！"

这是大众对烂广告的吐槽，说明很多人并不讨厌广告，而是讨厌它们不够好！

那么，在不影响消费者体验的情况下，尽量把广告做得精美有趣吧！记得看过一则脱毛广告：

脱了毛，你就是明星！

不脱毛，你就是猩猩！

诙谐的文字配上设计精美的图片，让人看了忍俊不禁。看看下面这则来自我国台湾地区的全联超市的广告吧，一定超乎你对超市广告的认知。

平常都在当义工，今天总算有空写些东西，

找了半天的老花眼镜，没想到被我戴在头上！

孙女的红萝卜排骨汤还在熬，再炖软点的好，

想想，我不就是家人一辈子的义工吗？

不过，我倒是乐在其中。

想起昨天被牌友胡了一把，笑我眼花打错张，

谁说我老花眼，谁贵谁便宜我看得一清二楚。

我晚点还要去全联帮孙女买麦片牛奶当早餐呢！

不像我们平日里见的超市广告那样，大张旗鼓贴满了促销标签，大幅海报上赫然写着"年终大促"，而是以一个精打细算的老人的口吻说"谁说我老花眼，谁贵谁便宜我看得一清二楚"，富有意境，充满人情味。这样的广告，谁还能说讨厌它？

调查发现，消费者虽然讨厌营销，但如果广告里有微信红包，他们还是很乐意接受的。很多营销活动就是这样开展的。

这是人性中典型的互惠心理。我看你的广告，你给我好处。当然，福利不止于金钱。很多公众号里经常发广告，却仍有很多粉丝主动点开，原因就是它不给你红包，却可能教你如何赚钱，或者推送对你有实际价值的内容。

前面说过，消费者对反复播放的广告很讨厌。不少广告行业的相关从业人员也经常会陷入迷茫：广告应该多久投放一次？投放多了让人厌恶，投放少了效果打折。还有产品的那些卖点，到底要不要每次都重复？老是这样重复，消费者不烦吗？

后来终于发现了问题所在：每次写文案前，我们容易忽略一个问题，文案是写给老消费者，还是潜在消费者？

其实营销过程与人们之间从陌生到信赖的交往过程是一致的，我们把营销大体分为五个阶段：

第一，初识期。

你的一个新品牌或者新上市的产品，消费者对其一无所知，只知道你希望赚他的钱，因为你是商家。也可能没意识到你的产品对她有用，此时你让她马上掏钱可能吗？文案需要做的是观察消费者有什么不能解决的困难，告诉她：我可以解决你的问题。这时候，一切都是新鲜的，广告大可以频率高一些，尽可能地出现在消费者能看到的每一个场合，混个熟脸。

第二，观望期。

这个阶段，消费者已经听说过你的产品，也知道解决方法，还没决定买你的还是竞争对手的产品。文案就要告诉他：我的产品更适合你。你的广告频率可以暂时保持，加深印象。内容可以有适当改变，靠独特的亮点吸引你的消费者。

第三，意向期。

为了击败其他竞争者，你拿出第三方权威证明，并承诺售后服务。消费者已经有了意向买你的产品，但又担心你说的不是真的。这时候你需要让他进一步了解你的优点，并告诉她：我的产品值得信任。不要太急，广告攻势不要太密集，但一定要保持"杀手级"卖点和信任背书。

第四，成交期。

到这一步，消费者已经行动购买，销售取得成功。取得阶段性成功了，还需要巩固。广告可以时不时来点小高潮，如周年庆之类的，让人眼前一亮，重燃激情。

第五，复购期。

你们的互动持续进行着，消费者认可你，喜欢你，一旦有需要，就会毫不犹豫地购买你的产品。看看那些国际大品牌吧，即使有了一定地位，还是要保持一定的投放频率，不要让消费者忘记你。

怎样持续播放广告，还能不让消费者烦？不妨根据你的品牌发展阶段，尝试一下系列广告吧！品牌战略和口号可以不变，创新也是必要的。

巧用评价文案

曾经，信息匮乏，你说"收礼只收脑白金"，消费者就信了。

后来，在百度推广投钱，让精准消费者搜索点开你的网站，就能带来咨询和下单。

而现在，任凭你广告打得再炫，消费者都不一定认真看。

是竞争太激烈，消费者太挑剔，媒体公信力下降？都对，又不尽然。现在的营销，已从单纯的吸引眼球变成了一场赢取信任的博弈。

因为消费者每天都被，网络、电视等媒体的各种信息轰炸，消费者在看信息的同时，也在创造属于他们自己的内容，消费者是互相影响的一群人，他们注重自己的看法，也关注其他消费者的口碑。

人们已经养成了一种习惯：上淘宝，看完宝贝详情后也不忘看看买家评价，尤其是中差评；出去吃饭，先上大众点评，看看哪个商家口碑好。不管你是微商，还是生产商、服务商，口碑营销已经成为不可小觑的趋势。是坐以待毙，还是想办法突围？如果暂时还没有足够多的真实的消费者点评文案，那么，先从文案开始，自己创造口碑吧。让文案创作者自己来写消费者评价，怎样写得真实有效，不露痕迹？

试想一下，几个消费者会在评价中写"滴滴香浓，意犹未尽"？大多数也就是写"味道好极了"这样口语化的内容。所以，写消费者评价，一定要像消费者的语言，比如：

真的是不锈钢啊，万万没想到，比以前500块钱买的还好。——××不锈钢炒锅

主要是看上这款蒸锅的颜值了，也蛮好用的。——××蒸锅

小巧轻便，功率大，风力强，真是出差必备啊。——××便携吹风机

怎样才能让人感觉更可信呢？本书前文讲过，越是描述具体，可信

度越高。巧用数字或细节描写，就是增强可信度的好方法。

早餐确实方便很多，面包调到3挡会糊，建议1挡到2挡，煮鸡蛋、煎鸡蛋都很快。——××早餐机

大小正合适，放在行李箱里不占位置，风大，家用也足够。——××便携吹风机

还是举早餐机的例子，强调做出来的面包好吃并没有太大意义，因为专业面包机做出来的肯定更好吃。你的消费者人群是赶着出门、没时间做早餐的上班族，他们最渴望的不是面包更好吃，而是把做早餐的时间节省下来，多睡20分钟。

儿子上高中，每天早上要早早起来给孩子做饭，老公给买了这个宝贝，早饭一会儿就搞定，奶油吐司热乎的，儿子特别爱吃，不错，以后可以多睡20分钟了。——××早餐机

人很多时候购物不单单聚焦产品，因为神奇的大脑会在看到产品时，下意识地产生联想：我买了这个东西后，孩子会不会很开心？老公会不会更爱我？所以我们的消费者评价文案如果能体现出这点——不买就有痛苦或烦恼，买了的都很幸福，感染力就会翻倍。

儿子自己就能操作，还做早餐给我吃！——××早餐机

我家萨摩表示很喜欢吃，谁有吃的谁就是大佬，用来做训练小奖励很不错，三四天基本能听懂坐下了。——××狗零食

物美价廉好产品，七夕礼物，媳妇非常喜欢。——××项链

儿子、老公、媳妇、狗狗，这些家庭成员的出现，瞬间将产品的意义推向了另一个高度——幸福。这种第三方的认同感，真让人愉悦，也是促使消费者下定决心掏钱的一个巨大的推动力。

你可曾有过这样的经历？在网站浏览一个产品时，都会下意识地点开差评，甚至看差评比看好评更仔细？

如果一个产品的众多评价中，一个差评都没有，清一色的好评，你是否会怀疑它的真实性？怀疑它的好评是不是刷出来的？与好评相比，

差评的参考意义更大。

  一打开有股塑料味，但塑料味没什么，晾几天应该就好了。配件齐全，没有破损。——××组装玩具

  其他功能还行，就是烤盘没什么用。——××多士炉

  秒杀市面产品，有点重，单手倒菜有难度。——××不锈钢炒锅

  看到没？如果你的产品和服务确实有某些让人可以接受的小问题，你大可以"自曝其短"。但需要特别强调的是，与此同时，一定要以消费者更在意的优点加以弥补。

  而且，不是什么缺点都可以曝光的，如"生产日期打印得怎么也看不清楚？也不知道过期没""跟描述的不一样，而且没有Logo，怀疑真伪"这样有损品牌形象和品质的差评，千万不可放上去。

  还需要注意的是，曝光缺点这样的做法，更适用于针对文化程度较高的年轻群体，显得足够真诚。而对于卖给老年人或者受教育程度较低人群的产品，应避开此类做法，说太多他们反而会怀疑你的产品没有别人的好。

  总结一下，自己撰写消费者评价文案的要点：

  第一，文采无用，真实才有效。

  第二，具象化，更有参考价值。

  第三，再现生活场景，体现给他的生活带来的实际性便利。

  第四，亲朋好友的认同，营造购买后的幸福感。

  第五，写点负面评价更真实。

用真正的消费者思维去思考

近几年,凡营销者,必谈消费者思维,那么,究竟什么才是真正的消费者思维?

"情商大师"戴尔·卡耐基在一本书里讲道:他几乎每季度都要租用纽约某家旅馆的大礼堂20个晚上,讲授社交训练课程。有一次他刚开始授课时,经理突然通知他要涨3倍的租金。而这个消息传来之前,入场券早已发出去了,其他准备开课的事宜都已办妥。

他没有像普通人一样气势汹汹地跑进经理办公室大叫:"这是什么意思?你知道我把入场券都已发出,突然要增加3倍的租金,这不是存心整人吗?"而是对经理说:"假如我处在你的位置,或许也会写出同样的通知。你是这家旅馆的经理,你的责任是让旅馆尽可能地多盈利。我无法支付你所要求的租金,只好被逼到其他地方去开讲座。这样你非但从我这里拿不到一分钱,还失去了一个很好的宣传机会。我的课程能吸引不少受过高等教育、水准高的人士到你的饭店来,你如果花5 000美元在报纸上刊登广告也不一定有这么好的效果。"最后经理让步了。

从始至终,戴尔·卡耐基都没有说"你这么做对我造成了多大的损失",因为很可能别人根本就不在乎。他的每一句都是站在对方的角度考虑,让对方明白,涨价只能是弊大于利。没有人是跟自己的利益过不去的。

生活中,聊天让人不愉悦的那类人,大多是谈论任何话题永远以自我为中心,他们一开口就会出现冷场,因为这些事情令其他人感到无聊透顶。

做文案也是一样,做得越久,越发现一个道理:当你由衷地为消费者考虑,你的文案讨论的是消费者的切身利益,他才会感兴趣,才有可能会买单。世界上能够影响别人的唯一方法就是谈论他想要什么,不仅如此，还要告诉他如何才能得到他想要的。

如果你想赚消费者的钱，让他们心甘情愿把钱放进你的口袋里，必须先为他们考虑，把自己的利益放在他们的后面。这样的"利他思维"也就是"消费者思维"。

传统的营销讲定位，都是从自己的角度出发，比如定位"高端产品"，可是现如今，产品匮乏的时代早已一去不复返，我们处在产品充足、买家市场广阔这样一个时代，如果我们的思维还只停留在产品和品牌上，采用"王婆卖瓜"式的叫卖，那么与那些先知先觉的同行相比，竞争完全不在一个维度上。

这可能是绝大多数起步项目的痛点——有产品，却不知道怎么找到消费者。先有产品再有消费者的企业，是大多数。像小米这样让消费者参与设计产品的，那是消费者思维的高级阶段。

我们还是老老实实做好第一阶段，先从产品思维过渡到消费者思维。第一步的转变，就是抛弃以往的"以我为中心的定位"，不再按照自己的标准来划分市场。从现在开始明白一件事：主动权掌握在消费者手里，不要臆想操控他们。不妨换一种思路：你的产品和服务能填补哪一块市场空白，满足消费者哪一个具体需求，据此来定义市场，也算是柳暗花明！

看看下面两则文案，你觉得作为一个新品牌，哪个更容易挤进市场？

突破科技，启迪未来。——奥迪

经常用脑，喝六个核桃。——六个核桃

虽然奥迪的实力有目共睹，这句广告语也算是经典。但今天来看，广告的目的已经不再是广而告之，而是说服。如果是想经营消费者，必然会考虑怎么样把消费者发动起来购买你的产品，如何发动消费者帮你传播？奥迪属于传统的营销思维，并且过于抽象。而六个核桃的文案从消费者的视角出发，传递的是实实在在的消费者利益，更容易给人留下深刻印象，更符合这个时代的气质。

消费者在哪里，生意就在哪里。每个时代都为营销打上了特殊的烙印。

竞争环境不同，消费者心理发生了改变，文案也该与时俱进。围绕消费者去营销，去沟通，去传播，首先要做的就是选择谁是你的消费者。

比如你想买房，中介公司的经纪人问你有什么要求，你说"要求不高，差不多就行"。而实际上，这样的话别人很难给你推荐合适的房子。如果没有一个合理的定位，经纪人只好把各式各样的房子都推荐给你，无形中增加了筛选的时间和精力。

而如果你心中对房子有个大概的标准，最好的办法就是根据自己的期望和预算，清晰地罗列出自己的期望：在哪个区域买房？买二手房还是新房？对楼龄、楼层和户型有什么要求？是否要求附近有学校？总价或者单价控制在多少？

这样一来，就清楚自己想要什么样的房了。可以有选择有意识地关注，过滤掉一批不符合条件的房子，集中精力去筛选出自己心仪的房子。

我去给客户公司做营销顾问的时候，做的第一个工作就是开研讨会，我时常会问老板一个问题：咱们公司的目标消费者是哪些人？

客户最常见的回答是："我们做的是全国的生意，全国的女性！"说完马上感觉漏掉了，还会立即补充"哦，还有一部分男性"，稍微有点定位思维的客户会说"18~60岁的女性"。

"那大多数收入水平怎么样？"

"月薪2 000元到月入20万元的都有！"客户自信满满地说。

他一这么说，我就知道问题在哪儿了。目标消费者分布这么广，营业额却不高。并且目标消费者分布越广的公司，业绩越是不尽如人意，甚至做宣传推广也不知从何入手。

稍微想想都知道，月薪2 000元到月入20万元的人，他们看上的东西能一样吗？为你的目标消费者做个画像，是消费者思维落地的第一步。

在写文案之前需要了解到谁会使用这个产品。也可以通过分析产品属性、使用场景、价格设计等，给目标消费者"打标签"，包括消费者姓名、性别、年龄、身高、体重、职业、地域、受教育程度、婚姻、血型、需求、动机、价值观、社交网络、心理特征、兴趣爱好等，由此窥探消费者使用、购买产品的深层动机；了解消费者对产品的功能、服务需求是什么；认清目标消费者带有怎样的价值观标签，是一类什么样的群体。

他们是谁？

他们在哪儿居住、工作、购物以及休闲娱乐？

他们与你的品牌有哪些相关的生活经历、状态？

他们的消费行为是随机的吗？还是会比较忠诚于某一个或几个品牌？

他们对价格敏感吗？还是认为时间更宝贵？

他们倾向于比较现实／爱冒险／传统／现代／有主见／随机性或……？

以小米手机为例，产品主打黑科技和性价比，经过市场调研和分析之后，得出消费者画像：20~35岁，本科学历，IT宅男，月收入5 000元左右，每日上网时间平均10小时，喜欢体验新事物，注重性价比，也愿意为兴趣买单。

其实大家头脑中都有个比较模糊的消费者画像，只是没有认认真真去描绘出来，更没有一个实实在在的消费者画像展示。比如：妈妈群体—怀孕妈妈群体—高龄二胎怀孕妈妈群体，条件越多，消费者画像越清晰。

消费者越精准，需求越强烈，变现能力就越强。作为文案人，如果不做消费者画像，不知道自己的消费者是谁，就很难挖掘其需求，确定交流风格，也不知什么样的亮点能够吸引到消费者。而明确消费者画像后，一般就能够非常清楚消费者的痛点和原因，精准地提供营销解决方案。

消费者画像绝对不是凭空臆想，文案也绝非闭门造车，想做出真正有效果的文案，就要创造大量机会去接触消费者，感受真实的消费者信息，包括地域分布、自身痛点、消费喜好、潜在需求、消费行为、购买历史、消费能力等，描绘一个具体的人物，即集合所有数据标签的消费者画像。

消费者画像也不是固定不变的，一旦产品升级，或原有消费者习惯发生改变，消费者画像都需要及时更新。例如，传统观念认为，腰腿疼痛是老年人易得的病，而现在却有年轻化的趋势。玉兰油化妆品配方和包装调整后，希望拥抱年轻消费者，摆脱原有的"妈妈护肤品"的形象。

值得注意的是，消费者画像中的消费者有以下特点：

首先，是真实消费者，不是潜在消费者。如果使用产品的人非自己购买，而是受转赠或免费领取，这样的消费者非真实消费者，赠品也拿不到真实的反馈。

其次是细分消费者群，不是细分市场。细分消费者群和细分市场这两者是有区别的。比如"二孩家庭用车"是细分市场，而"二孩妈妈"就是细分消费者群。你的文案是对二孩妈妈说，而不是对爸爸说，因此无论是场景描述还是语言表达，都应更贴合你的目标消费者。

最后是典型消费者，不是平均消费者。尽管可以有大数据做依据，但最终筛选的是较高频次消费的消费者，不要用平均值。

第六章 看平台下菜碟，随机应变才能出"爆文"

微信公众号得懂这些，否则 10 亿消费者与你何干？

微信已经改变了人们的生活方式。微信营销是商家以较低成本营销的好机会。把微信选作商业阵地自然没错。而微信公众号超过 2000 万，表面上一番欣欣向荣的感觉，但事实上，从微信分得一杯羹的商家并不多，生意还是很难做。

很多传统商家看别人搭上新媒体顺风车名利双收，自己却还跟以往一样进展缓慢甚至走下坡路，面对微信红利束手无策。情急之下，也跟风开了微信公众号，而且是双管齐下，订阅号、服务号一起开。至于开了到底有什么用以及如何操作，绝大多数企业应该都没有考虑清楚，反正就是"开了再说"。

你以为只要把产品图片发到朋友圈里，就能引来订单吗？你以为只要开个微信公众号，就能坐等收益吗？微信公众号是随便招个应届毕业生复制粘贴点内容那么简单吗？你真的懂微信吗？如果不懂，凭什么跟别人竞争？微信有多少用户跟你有什么关系？充其量，你只是一个旁观者。

很多老板并不明白这一点。每当看到别人家的公众号阅读量"10万+"，哪个大号策划了"重回高考""丢书大作战"之类的活动引来朋友圈转发刷屏，老板就会找负责新媒体的小编谈话："我们的公众号都整的些啥？我们这线上怎么完全搞不起来？"或者是"搞了这么长时间了，为什么一个订单都没有，甚至一发内容，粉丝就取关？"

其实在解答这些问题前，我们更应该搞明白，微信营销的本质是消费者营销、口碑营销。所以有必要反思一下，消费者因为什么关注我们的公众号？我们的公众号能为消费者带来什么便利？看了我们的公众号，消费者会有什么收获？消费者会因为什么跟我们互动？互动以后，消费者凭什么愿意帮我们转发？

一、微信公众号的功能

其实简单来说，微信公众号的功能包括3步：1.让消费者阅读；2.让消费者购买；3.让消费者分享。

可是这三步看起来简单，实则并不容易做到。但作为商家，还是得搞清楚以下几点：

1. 如何把消费者拉进自己的鱼塘？

微信承载着庞大的消费者群，但不在自己地盘里的消费者，对我们的营销并无帮助。传统的营销通过会员卡、积分制等手段吸引消费者，而微信提供了更多可能。

企业就是一个大鱼塘，无论是发动员工加私人好友还是吸引公众号粉丝，都是把消费者引进自己的鱼塘，从而掌握联系的主动权，接下来你只需考虑，每天安排什么营养来养他们，不定期给予额外好处刺激他们。

需要提醒的是，现在的整个大环境是一片海域，你的鱼塘是开放式的，而不是封闭式的，进入鱼塘的鱼儿也是自由的，它可以随时溜掉，跑到别人的鱼塘里，因此需要更多的方法来留住它。

此外，如果你只是个100人以内的中小企业，或者你做的只是本地市场，你的微信内容就没有必要面向全国观众。你也不要盲目模仿京东、阿里的营销方式，你没有那么大的财力、物力、影响力去搞出"6.18""双十一"那样的大动静。大企业有钱也有影响力，有了品牌沉淀和原始消费者积累，很容易一呼百应。但中小企业必须要精细化、精准营销，不要一味贪多贪大，管理好真正属于自己的鱼塘，就已经很厉害了。

2. 先营销后销售，如何让消费者依赖你？

通过微信卖产品本来没有错，很多传统企业老板做微信营销是想赚钱，也没有错。但是，很多人急功近利，恨不得一开通账号，就有成千上万的粉丝，就有源源不断的业绩，忽略了人气的聚集是个缓慢的过程，或者说是没搞清自己想做的到底是微信营销，还是电子商务。

如果现在你还把微信当作一个单纯的推销工具,那就大错特错了。很多商家以为自己在做营销,其实是在做推销,他们始终停留在利益驱动下的产品思维。翻开那些企业号,很多都在一味强推企业自己的内容,今天开会啦,明天促销啦……各种广告玩法,让人感觉不到丝毫诚意。长此以往,消费者会自动生成免疫功能——谁愿意天天只看广告呢?

微信消费者数量不少,但必须承认一个事实,大家都很忙,凭什么关注你?有数据统计,60%左右的消费者是为了休闲娱乐,30%以上的消费者是为了获取知识或资讯,只有极少数消费者是为了获取商家动态,比如麦当劳的公众号。

微信公众号最大的便利是为商家提供了一个与消费者互动交流的平台。它不仅为企业服务,更是为消费者服务。

并且消费者也是有生命周期的:从来没听说过你、刚刚认识你、对你产生兴趣、有需求又犹豫不决、第一次购买、重复购买、休眠中、取关流失、因服务好又重新回来的消费者。商家如果不能给消费者提供有用的、有趣的信息,将会成为超级关系链中被沉淀和冷却的对象。

微信跟所有互联网营销一样,要"互"+"联"。如果你的公众号粉丝多,只是实现了"联";别人关注你之后,你们的关系才刚刚开始,你需要给他有针对性的、有价值的信息,运用一系列内容和行动,与消费者"互动"起来,才能与消费者建立信任,让他忠实于你,然后销售便顺理成章了。如此,微信才能真正成为颠覆传统营销的利器。

二、微信文案的内容

网络真是个盛产奇迹的地方,特别是微信公众号诞生后,很多普通人通过这个平台火了。

为什么有些微信公众号内容能火?因为它具备了能火的"基因"!说白了,所有营销的本质,都是死磕消费者的需求和痛点。现在有一个词叫"自媒体体质"。只有具备自媒体体质,或者有意培养自己的自媒体体质,才可能在互联网上有所发挥。那么什么是自媒体体质?怎样运用自媒体体质去运营微信公众号,让你的内容更有吸引力,让你的文章"火"起来?

1. 提出颠覆性认知,满足人们求异的需求

不管你喜不喜欢他们,很多微信公众号大 V 都是具备典型自媒体体质的、会玩的人。他们总能打破思维惯性,提出颠覆性认知,并且有理有据,让粉丝一呼百应。

如:"好身材大多是睡出来的""会哭的孩子没奶吃",光题目就足够吸引人、让人移不开眼了,当然内容对真相和深度信息的呈现也必不可少。这一点对于很多在传统纸媒浸润了十几年的资深媒体人来说自然毫不费力。总之,能广为传播的公众号文章体现的观点都是:不随波逐流,要引导潮流。

2. 紧跟热点,独特观点切入,满足人们爱围观的需求

2018 年的第一个月,"旅行青蛙"火了,一夜之间,朋友圈里的男女老少都晒起了自己的"蛙"。3 天内微信公众号就诞生了 80 多篇"10 万+"爆文。比如,新世相:《在中国,有 360 万人正在假装懂蛙》;O2 生活家:《旅行青蛙的真实菜单原来长这样》;三联生活周刊:《承认吧,孤独如你才会养蛙》;视觉志:《这只青蛙刷爆了整个朋友圈,背后的真相却让人泪奔了》……

追热点几乎是每个自媒体人必干的一件事,但如果只是追的话,怎么比得过新闻联播、搜狐新闻?

通过这类题目就可看出,有些自媒体大 V 的精明表现在他们在追热点的时候,都保持了一贯的调性,并有一套自己独到的见解,如三联生活周刊在文章中提到"旅行青蛙能给人一种社交安全感",观点新颖,成功引发围观。

3. 薪水、房价等扎心话题,戳到消费者周期式痛点

"曾经我们有诗和远方,现在我们只想买房""为什么你的年薪,只是别人的月薪?",这类话题被称为是"周期式"痛点,每次提起来都痛。

只要平时多积累这类痛点,关键时候拿出来结合运用即可。

4. 共鸣性话题,点燃消费者情绪

微信自媒体人不是明星,不必高高在上。很多成功的自媒体人都有个特点,对粉丝很护短,大量文章都在替粉丝说话,将粉丝牢牢吸引在自己的阵营,这真正体现了他们对买方经济的深入研究。你说他们放弃了自己的个性,迎合粉丝,他们笑你不够专业;你说他们世俗势利、中年油腻,他们笑你自恃清高、平庸无为。但是不可否认,很多情感类大号就是有这样的魔力,让你感动到哭,乐到喷鼻涕,愤怒到冒火,然后失去理智到剁手!

"你兼顾事业和家庭,谁来兼顾你?""你看不上我?好巧,我也是",解不解气?想不想转发?是不是转发的时候脑海里还会立马出现一个人,恨不得直接转发给他,然后想象他看到这篇文章是什么反应?

5. 关注爱的正能量,唤起消费者对爱的需求

不知道你有没有读过《谢谢你爱我》这篇 5 000 万阅读量、刷新了新媒体历史的文章。除去视觉志原本就有 700 万粉丝的原因,这样的选题,情感切入点很不错,里边的小故事都是一个个简单的温馨场景描绘,没有主观深入的分析,却感人至深,催人泪下。类似的还有《有一种爱叫:你忙吧,妈妈不烦你了》等。

6. 生活常识类,满足消费者收藏的需求

很多朋友都有一个心理,遇到有用的生活常识要收藏或转发给亲朋好友,以备不时之需。所以此类公众号关注度也比较高,如《超全的各种类鞋子保养方法,你肯定用得着》《万万没想到,一根橡皮筋还能做这么多事!》《煮鱼下锅溅油怎么办?民间高手教你两招》。

7. 史上最全盘点、权威预言,满足消费者炫耀的需求

比如一个旅游企业公众号文章《春节期间不得不去的 8 个景点》,消费者帮你转发,他想表达的是,看,我是不是很有品位?这里边的景点,我都能去。

8. 心理测试类，满足消费者好奇心的需求

为什么我们看到心理测试就忍不住点开做？做完后还乐此不疲地把结果转发到朋友圈呢？心理学领域用巴纳姆效应和波丽安娜效应解释人们对心理测试的热爱。简单而言，就是人们很好奇别人如何看自己，更深层的就是暴露了人们内心渴望被关注，想让自己的形象得到认证。

比如，《第一眼喜欢哪条黑裙子，测你的性格特征》《你喜欢哪款情侣装？测异性眼中的你》，除了这几种，健康养生类、段子类的文章也容易引起大量转发。在碎片化时间里，对于有趣但来不及看完的，消费者就会想分享给朋友。而对于干货知识类的文章，消费者看到的第一反应大多是默默收藏。可以看出，消费者并没有义务替你宣传，他帮你转发，为的是借你的笔，表达他自己的情绪、主张、品位和价值观等。

因此，想让你的文章被疯狂转发，成为爆文，一切都要从消费者入手，多从孤独、懒惰、妒忌、炫耀、盲从、好奇、善良等人性考虑。一般来说，能够唤起人们崇高、愤怒情绪的内容最容易被转发。

大家都说，想写出微信公众号爆款文案，3分天注定，7分靠才能，90分靠运气。所以，最好还是选择一个你最擅长的领域，以确保你可以长期连续地输出内容。但是，与阅读量"10万+"的"火"相比，还是通过公众号月入"10万+"更实在。那些粉丝量不是很庞大但闷声发大财的销售型公众号更为难得。情感类和八卦类的文章受众基础广泛，容易引起共鸣，也容易火，但消费者人群不够精准，因此很难变现。如果你的微信公众号想要变现，一般都涉及产品销售，你不妨试试包装过的软性广告。

卖衣服的可以写《过年回家怎么穿？8件单品足够应对所有场合》，卖包的可以写《有一只包看上了你的年终奖》，卖车的可以写《10万买车开三年还能卖7万？》，医疗美容公众号可以写《为什么有的人笑起来就特别好看？》。这些文章都与自己售卖的产品关联得非常好。

你的公众号需要内容丰富，并且具备实用性、趣味性、独特性。也

要根据内容和消费者的特点，为自己的公众号文章设计一个能被消费者接受、喜欢的人格属性，包括人设设定、语言特点、内容风格、价值取向等，然后一直沿用，建立自己的特色和辨识度。

三、公众号文案的标题

有些标题一看就让人想转发，有些标题一看就不想点开。据说有篇网络文章，原标题是《不要那么悲愤，这个世界不欠你的》，当时没有什么反响，后来有人转载时将标题改成《我一个6年的闺蜜拉黑了我》，结果成了阅读量几百万的爆文。

很多知名的自媒体人都表示：会在公众号文章的题目上花费大量的精力，有时候会花大半天的时间用来与团队讨论标题。可见标题多么重要！

其实不管是微信公众号，还是传统的软文营销，标题之于文章的重要性都占了 60% 以上。它在这个注意力稀缺的时代，直接决定了文章的生死命运！消费者关心的是跟自己有关，或跟自己喜欢或讨厌的人或事物有关的话题。即你的标题讨论的话题，需在消费者的关注范围内。

写标题前搞清楚，你要讨论的话题跟谁有关，然后在标题中体现出来就可以了。可体现对消费者的好处，也可吊起消费者的好奇心。如果你是营销培训类公众号，标题里有干货、技巧、汇总之类的关键词，消费者就会十分感兴趣，觉得有他们渴望获得的第一手消息。

每一类公众号都应该有自己的关键词库。对新起步或知名度不够的企业或个人而言，最佳的解决办法：关键词组合。具体做法是：假设自己是消费者，在特定需求的场景下，会搜索哪些内容？把关键词列出来，排列组合，匹配精准消费者。好的标题都是有方法的。下面总结一些屡试不爽的标题法：

1. "如何"/"怎样"体

《普通人如何找到自己的一技之长，并靠它赚到钱？》（彭小六）

《寒冬里，怎样穿衣才能美丽不"冻"人？》

《小个子女生，怎样穿搭才能显高？》

2."为什么"体

《为什么升职的总是你的同事？》

《为什么你做了10年文案，还是成不了专家？》

3. 追热点

《刷爆朋友圈的"90后新群体"：为什么我建议你要做中年少女？》

4. 列数据

《月薪3 000元与月薪30 000元的文案人的区别！》（李叫兽）

《1年时间从普通上班族到月入10万元，他只做了1件事！》（彭小六）

5. 讲故事

《放弃百万年薪，她带着一支笔环球旅行，活成了很多人都羡慕的模样。》

6. 傍名人

《曾给雷军、李彦宏讲引力波的那个北大学霸，后来怎么样了？》

《那些年，乾隆在苏州翻过的牌子。》

7. 做比较

《为啥别人毕业2年晋升副总，你工作10年依然是普通员工？》

8. 描述画面

《没化妆出门那天，不巧遇到了前男友。》

9. 快速代入

《哪道菜会让你想起妈妈的味道？》

10. 解决问题法

《Word里的神秘空白，现在就来告诉你！》（秋叶PPT）

《如何选拔合适的人才？这里有4个锦囊。》（餐饮老板内参）

《Excel要一个个填？3步搞定批量填充！》（秋叶PPT）

11. 承诺法

《简单四步，PPT 制作逼真印章效果！》（秋叶 PPT）

12. 唱反调

《不要给别人贴标签了，给自己贴更爽啊！》（阿何有话说）

13. 吊胃口

《PPT 模板不会用，你是不是忘了这些？》（秋叶 PPT）

《半夜都在排队的成都串串店，得好吃成什么样？》

14. 直接喊话

《游戏入坑图到啥？你是哪种游戏玩家？》（36 氪）

《连锁餐饮老板们：别再惦记米其林这只轮胎了！》（餐饮老板内参）

《拖延症患者的福音！这个高才生用 14 分钟治好了我的拖延症，他是怎么做到的？》

15. 自问自答

《女人年轻的时候首先该干吗？先挣钱！》

16. 自相矛盾法

《你觉得为时已晚的时候，恰恰是最早的时候！》

17. 质问型

《想做斜杠青年？你具备这些资本了吗？》（彭小六）

18. 科普型

《你买过的保险，十有八九都是错的！》

《被销售忽悠大了，懂得这些你才能买到真正的好车！》（玩车教授）

19. 俗语改写

《有钱人终成眷属。》

《发型丑不可怕，头油头屑最尴尬。》（杜绍斐）

20. 利用急功近利心理

《如何在 21 天速效治疗拖延症晚期？》（彭小六）

21. 利用叛逆心理

《不要点开！》

《此文有毒！》

《年薪10万元以下的请绕行！》

22. 利用窥探心理

《"活儿好"是一种怎样的体验？》（阿何有话说）

23. 制造反差

《五星级酒店大厨转战街边做烧烤，来这儿宵夜真的很够味！》

《每月流水50万元，一算居然还赔钱……》（餐饮老板内参）

《今天你对我爱搭不理，明天我让你高攀不起。》

24. 适当夸张

《如何把小白鞋洗得比大腿还白？》（杜绍斐）

25. 应时应景

《江南踏青指南：春风十里，不如吃起！》

《81套冬季穿搭指南，再也不怕冷！》

以上这些都是容易吸引眼球的公众号标题法。顶尖高手能让人明知是广告，依然点进去读得津津有味。既然你想要消费者点开你的文章，标题中就要直接说出读了有什么好处。数据显示，题目中有发现、引进、免费、划算、福利、惊喜之类的词，更容易被点开。

如果你做的是像麦当劳或购物商城这样的企业微信号，你的消费者就是为了了解企业最新动态才关注你的，你不必羞于大叫限时免费、限时特价，可以放心大胆地把新推出的产品、即将开始的促销活动都放上去。

数据表明，同样一个微信公众号，如果粉丝大多数是你的真实消费者，题目上明确做促销活动时，阅读量会比平时增加好几倍。为了不那么枯燥，你可以发点产品或行业相关的实用帖。做餐饮的教消费者怎么选择吃饭的好地方，卖化妆品的教人怎么化妆，卖衣服就教人服装搭配技巧。而一旦你发了一些乱七八糟、与产品风马牛不相及的内容，他们反而会取关。

很多人问，微信号文章应该写长标题还是短标题？其实，标题的好坏跟长短并没有关系。只不过太短了不足以表达你想讨论的话题，而过去大家不太喜欢的长标题近期反而越来越受欢迎。很多文章把标题做成了内容提要，让消费者不必点进去，只看标题就知道了大概内容。例如：《猫咪快从楼上掉下，小朋友举着雨伞接住它，超暖！》（新闻哥）

这样的标题把事件、立场都交代清楚了，为消费者节省了时间，也未尝不可。总之，无论长标题还是短标题，读者感兴趣的标题才是好标题。但转发到朋友圈的文章标题，若想显示完整，标题字数需要控制在 36 个字以内。

四、公众号文案的 8 步秘籍

1. 引起注意

《你的脸太脏了！这支"网红洗面奶"刷爆朋友圈，60 秒让你彻底爱上洗脸！》

2. 讲述故事（场景代入）

如果你想卖食品，就得想办法先让对方饥饿。如果你想让你的答案被人读下去，就得先让对方产生对答案的渴望。你可以选择合适的消费场景，或有趣的故事代入。每个人都喜欢听故事，故事一定要吸引人，让人想进一步读下去。一个好的故事胜过一百个销售员。雕爷牛腩、西少爷肉夹馍都会讲故事的品牌，这些故事再加上媒体润色，便形成了不可阻挡的传播力。选择极富视觉冲击力的语句勾勒画面感。当你与故事的主角都合一了，信任问题自然就解决了。例如：

《打破偏见：一支男性做出来的洗面奶。》

3. 干货分享（建立信任）

还是那句话，消费者只关心自己。你得给他切实的好处，删掉那些含糊其词的话，并在此过程中，体现出你的专业、品位。最常见的就是提炼干货，要让精准消费者一看就觉得非常受启发，吸引其一直看完。比如一篇卖化妆品的文章，你可以教别人化妆，并且一定是看完有启发有收获的，让人感觉你就是专家。接着上面卖洗面奶的文案："90%的皮肤问题，源于清洁不当。"

罗辑思维从来都不讲怎么等天上掉钱，怎么从地下捡钱，为什么能吸引一票粉丝？别人为什么相信它？因为它通过分享价值，已经跟消费者建立了信任感，有了信任感，再去销售产品，是不是就容易多了？

4. 提出问题（勾起欲望）

很多时候，提问比解决方案更管用。但是这个过渡一定要自然。比如，你在上文已经分享了5分钟化妆的技巧，可是什么样的化妆品才适合快速上手不出错呢？你已经说出了洗面奶的神奇效果，那么抛出问题："晚上忘了洗脸，第二天痘痘都出来了。""洗完还是滑滑的，总感觉洗不干净。""用完一瓶洗面奶，竟然成了敏感肌。"

5. 产品引入

当消费者已经急切地想要答案的时候，这时候再引入产品，过渡才会自然。

"只有氨基酸配方，才能做到清洁和温和的平衡。××××经过长达800天的研发后，才有了这支氨基酸温和洁净洁面乳。"

现在很多公众号都采用这种广告方式。写一篇"鸡汤"，在你看得热血沸腾的时候来个"神"转折，让你措手不及。本来想着看完文章鼓个掌，既然有广告，那就买东西支持一下吧。但是一定要记住，推销自己的产品，而不是竞争对手的产品。此处需要注意：

（1）定位到产品属性。你的产品是那种不需要深思熟虑，当即就能下单的吗？

（2）定位到人群。你公众号里的粉丝，就是这个产品的目标消费者吗？在一个营销垂直号里卖化妆品，就不如在一个美妆公众号里卖化妆品转化率高。

（3）定位使用场景。同一个消费者，不同场景下的消费计划是不同的。比如你的公众号发的都是令人放松的段子，大多数人会在想放松的时候图个乐呵。这时候你引入的产品是一个职业培训课程，那么，最直接的反应是什么？可能消费者脸上的笑容会瞬间僵住，或者觉得扫兴，转化率自然不会高。

所以，虽然是公众号文章，也最好能够前后一气呵成，让插入的广告丝毫没有违和感。

6. 马上下单

一定要勇于说出"马上下单"，最好再塑造一下紧迫感，因为很多消费者有一个心理：怕自己错过了。例如：名额有限，设定截止期限。

在成交的过程中，流程越少越好，时间越短越好。整个流程要超级简单，直接放上收款二维码，支付一定要快速、便捷。一定要为消费者提供采取付款行动的各种便利条件。千万不要低估了消费者的懒惰程度，大多数时候，他们比你想象中还要懒。你需要明确告诉他们：点击下方按钮，或扫下方二维码付款。这样的成交率会比引导他拉回页面顶端的操作高很多。

原价139元的氨基酸温和洁净洁面乳，现在直降60+包邮福利，只要79元/支。

现在下单，"双十一"还可领眼霜！

活动每人限领一支！

7. 福利引爆

不知足和贪心是大众普遍的心理。通过列举一大堆好处来激起人们的欲望。消费者根本来不及思考，光看到一大堆好处"轰炸"，就有两个字在眼前浮现——划算！例如：

两支组合再减20元，直降140+包邮福利，也就是138元/2支，等于69元/支。

8. 零风险承诺

有些时候，明明只剩下最后一步了，消费者却突然反悔，捂紧了钱袋子离去。无论是实体店还是网店，这样的故事每天都有发生。这就好比很多人徘徊在泳池边,却不敢迈出下水那一步,因为他担心有风险。

尤其是网购,无论图片有多清晰,在物品到手前都是没看到实物的,这就造成消费者购物的感知风险,最终影响消费者的购买决策行为。比如,买一条项链,担心它是假货;买一袋奶粉,担心它质量不好;买一双鞋,担心它尺码不合脚。此外,我们还担心快递几天能到,没听过的牌子是否可信?质量问题怎么处理?公众号销售不可避免会出现这些客观问题。

怎么破解呢?在消费者掏钱之前,先来个承诺,让她不再犹豫。比如承诺快递3天必达,承诺买贵了补差价,在微信销售产品的商家也可以参考淘宝店家的做法,"7天无理由退换"和"运费险"就是零风险承诺,让消费者觉得反正自己也不会亏什么,于是没有顾虑地完成付款。

网店文案，高转化率才是关键

很多人以为淘宝网和软文的联系并不大，其实这种观点是不正确的，在淘宝网中，软文是无处不在的，只不过并不是太明显，这同时也是其高明之处。如今，移动互联网的快速普及为淘宝店主的发展奠定了强大的基础，正在改变着人们的生活。同时也有很多有商业头脑的公众人物以及自媒体人早早地就开设了淘宝网店，利用自己强大的号召力和粉丝基础，在电商平台以销售产品的形式来实现变现。

有人戏称，如今的文案人员不仅要懂定位、懂营销，还要摸准各个平台的脾气。其实，不同平台的文案写作很早以前就有区别，户外广告和报纸广告的写法不同，邮件广告与官网广告的写法也不同。

时至今日，各类平台更是纷纷涌现。哪怕同样是互联网广告，微信文案与网店文案就有很大不同。只有洞悉各平台特点，卖合适的产品，吸引对的人群，制作符合平台规则的文案，才能达到有效营销的目的。

一、网店交易的特点

1. 货比三家

淘宝、京东这样的网上零售平台，是一个特殊的存在，它是网购盛行的源头，也是如今互联网交易的主力军。它与实体店和新兴的内容电商都有很大区别。

比如周末逛商场的时候，看到某品牌的羽绒服在打折，你过去一看，刚好有一件看上眼的，款式不错，质量也看起来很好。而且马上就天冷了，自己确实需要一件羽绒服。导购又跟你说，今天刚好打折了。怎么样？买了吧。

相反，如果你意识到天冷了，想买一件羽绒服，于是打开淘宝搜索"女式羽绒服"，跳出来好几页形形色色的羽绒服。上面还有选项，如超短款、常规款、中长款；还有风格，如修身、淑女、名媛、休闲、学生等。于是你选择了自己喜欢的类型，并选择了按销量排序，点开几款看起来不错的，然后下面又出现了几排推荐：你可能喜欢……哇，可选择性太高了，眼花缭乱。于是你开始比较，比款式，比价格，比质量，比品牌，还要再浏览一长串消费者评价。

总之，所有能够被直接对比的因素，都会被消费者拿来对比。这个时候，消费者是理性的，产品的一些指标对他来说很重要。

2. 价格敏感

同款商品，价格往往是决定消费者最后购买的一个重要因素，除非消费者评价里，便宜的那家差评明显很多。在这种情况下，价格战是不可避免的，除非你的商品确实有过人之处。比如卖U盘，内存多少？高下立见。拼参数、拼数据的产品容易获胜，而这时候你跟消费者讲情怀，毫无用处。

这种情况下，并不意味着价格稍高的产品就没有出路了，可以打造独特风格，构建你的竞争壁垒。三只松鼠的产品比其他坚果品牌的价格稍贵，销量却遥遥领先，就是很好的例子。

3. 购买意愿强烈

能主动在淘宝搜商品的人，一般来说购买意愿都比较强烈，大概清楚自己想要什么。因此文案的重心就不必放在唤起消费者的需求上，而在于怎样让消费者在货比三家后，依然选择购买你的产品。

4. 追求完美商品

在淘宝、京东这样的电商平台，很少有人能接受有缺陷的商品，哪怕它很个性。

比如你看上一件漂亮的红色裙子，款式、价格都不错，正准备下单，打开消费者评价却看到一句："洗了，褪色严重。"

瞬间，你购买的热情就熄灭了。

5. 简单思维下单

在淘宝上，9.9 元包邮的东西总有人买，私人定制的设计类产品却很少有人问津。一方面是功能用途、参数对比上，这些产品并不占优势；另一方面是大量的同质化模仿者可以迅速拉低原创者的价值。再者，简单化、标准化的东西更适合在淘宝卖。比如一瓶某品牌的化妆水，消费者可能之前就用过这个牌子，因此，保证是真货的前提下，在淘宝买跟在专柜买并没有太大区别。而一些高认知、需要太多解释的产品则不太适合在淘宝平台销售。

比如你公司新出了一款智能芯片运动鞋产品，当时淘宝上没有其他家做这样的产品，你们也没有做太多的市场铺垫，如果就这样放在淘宝上，第一，消费者搜索到的可能性比较小，这点可以通过设定相近产品的关键词得到部分解决；第二，你需要在文案里先普及什么是智能芯片，它用于运动鞋是什么原理，是否真的靠谱。问题在于，由于没有任何比较，价格却高出一大截，消费者看后即使心动了，也不一定敢贸然下单。

培养市场的过程是相对漫长的，在消费者对新品类或新科技完全没有认知的情况下就投入竞争非常激烈的购物网站，并非明智之选。

二、网店文案怎么写

我们都知道，与实体店不同，网店没有导购，只有客服人员。但在虚拟的网络世界里，很多消费者都是静默下单，根本就不和客服沟通。这个时候，能够影响到消费者的，也就只剩下网店的广告本身了。其中最为关键的当然就是文案。一提到淘宝文案，总会有人提到"步履不停"。

是背包四方流浪，还是留守格子小间？

是跋山涉水远足，还是 K 歌狂欢宿醉？

是文艺棉布长裙，还是狂热豹纹 BRA？

是 iPhone（苹果手机）4S，还是老奶奶做的棉鞋？

是升职加薪，还是炒老板鱿鱼？

是快乐，还是悲伤？

有什么样的愿望，有什么样的人生。

多文艺，多有意境！不可否认，步履不停的文案自然好，它有自己的调性，俘获了一大波少女心。但是并不意味着淘宝文案仅有一种写法。打个比方，如果你是卖化肥的，你也打算以这样的调性向农民兄弟推销吗？

100%的淘宝店铺，首要任务就是赚钱。讲情怀、比调性与盈利相比，哪个更重要？就好比在狼来了的时候，你还会在乎逃跑的姿势吗？

淘宝就是这样一个地方，那些林林总总的小店铺不计其数，每天都有小店铺开张或倒闭，竞争越来越激烈，没有哪家店是没有危机感的，你是否注意到，步履不停的文案，现在已经变成了这样："女孩子们都知道，大多羽绒服都背着肿矮矬的黑锅""冬天羽绒服是否好穿，在于搭配的实用性""设计了21种穿法，让你对号入座"。

它仍然保持了一贯的文艺调性，却也加入了更实在的消费者痛点。宝贝详情页做得好不好，直接关系到能不能成交。怎样将消费者"勾"过来下单呢？那就是，提炼更独特的卖点，并且让消费者相信你。

所以，淘宝文案的第一个技巧就是——把最重要的产品优势写进标题里。消费者搜索商品时，产品图片下面的描述就是标题。如果不能用短短的十几个字，抓住消费者的眼球，吸引其点开，那销售基本上无望了。

还有一个技巧是——分析使用场景，切准消费者脉搏，即消费者会在什么场景下使用你的产品？比如智能电饭煲，一般针对的是城市家庭，这类人群缺的是时间。想象一下他们每天早上胡乱扒拉两口饭就急着出门挤公交赶地铁，就知道你的电饭煲能为他们带来什么了。但是还不够，每个智能电饭煲都有同样的功能。然后一些文案中就出现了："家乡的味道""一口土灶，一把柴，一碗米""一份儿时的味道"。

由于淘宝电商文案的同质化太严重，文案最重要的还是提炼差异化的卖点。卖点从何而来？在淘宝的世界里，卖点就来源于痛点，也就是消费者选择你的核心决定因素。列出来以后分析，哪个要素会成为消费者最关心的核心要素？哪些因素可以成为你的产品优势？哪些是你的竞争对手都在宣传的？哪些优势是能帮助你避开竞争，从同行中胜出的？

说白了，淘宝的文案，最重要的不是你多好，而是你比其他家的产品好在哪里？适当的时候，与竞争对手做对比，无形地把它们压下去，这也是淘宝文案常见的一招。

这些优势你必须写出来，不要想当然地觉得消费者什么都懂。图文结合，详细分解细节，省去了大量客服的工作，提高了直接转化率。

做完了这些以后，也许消费者心中还会有顾虑：他说的这些都是真的吗？怎么破解呢？我们见过很多淘宝店家把各种资格认证放出来。也许你不会去仔细看，更不会去验证它的真实性，但证书放在那里，就感觉很正规，买得很放心。

三、提高转化率的写作技巧

1. 提高产品在市场中的地位

在网店文案中切入行业趋势是一个非常不错的软文撰写手法。软文通过行业趋势来突出产品自身的优势、性能和特点，实际上就是借助行业趋势的宣传，打造能够被消费者接受的软性广告。

华为的微信公众平台就是通过以 5G 信息技术这个未来发展趋势为切入点，撰写了一篇软文来宣传自己的品牌。案例通过对未来信息时代是 5G 时代这一趋势的讲解，再结合华为在这个领域取得的成绩和进展，从五个方面证明自己在这个领域的优势地位。企业以行业趋势为切入点撰写软文，可以让读者很清楚地知道企业的未来前景，再通过与本行业其他企业的优势做对比，可以让读者清楚企业在行业中的地位，让企业的品牌更加深入人心。

2. 用产品特点抓住消费者的需求

在撰写网店文案时，所谓的要从消费者生活出发，就是指在软文中利用客观现象，巧妙地突出产品的功效。这样做有两点好处：一是吸引读者的注意力；二是大大地提高读者对产品的依赖感。

例如，索芙特香皂撰写过一篇营销软文，讲述了木瓜美白香皂的功效，从而吸引了大批年轻女性消费者对产品进行购买，让索芙特香皂在当时获得了不少的红利。为什么索芙特木瓜美白香皂能引起女性消费者的关注呢？那是由于它抓住了女性消费者的美白需求，突出了这款香皂对于美白祛斑的功效，因此女性消费者才会愿意去购买。

网店在撰写软文时要抓住消费者需求，从消费者的生活出发，将产品的功效不突兀地表现出来，将会起到很不错的效果。

3. 用展示好评提高购买率

淘宝店铺不同于实体店，它所展示给买家的只有产品的图片规格，而买家却不能亲手触碰。常言道：眼见为实，因此消费者对此往往有所犹疑。而此时，就需要其他购买者的评价作为借鉴与参考了。

"羊群效应"原本是一个股市术语，指的是股民在看见别人购入股票且获利之后会进行模仿跟风，从而购入同一只股票。而这一从众心理，在淘宝网站上同样适用。同类型的店铺，所获得的评价，尤其是好评多的商品，往往会更为热销。

商业文案在向消费者展示自己的商品信息时，措辞通常较为官方正面，可能让消费者认为"王婆卖瓜，自卖自夸"。而由其他购买过商品的买家留下的评价往往会显得更加真实，从而促使正在犹豫的消费者下定购买的决心。这就是社会学家所说的"羊群效应"，是人们所共有的从众心理，因此好评率对于淘宝店铺就显得尤为重要了。

为了提高好评率，不少店家在专心致力于自家产品质量与服务之余，会通过推出优惠活动来引导购买者给予五星好评。

这些活动的目的就在于尽量规避产生中差评，从而影响到其余新客户的观感，用普通买家的好评来刺激犹豫中的买家下单。同时，不少店家会在商品详情页展示买家好评，吸引其他买家购买。

4. 使用外链推广获得更多流量

淘宝店铺只是一个店铺，它的单一功能导致了店铺如果想要获得更多流量，就需要通过在软文中插入链接的方式进行推广。对于淘宝店铺来说，没有消费者就没有影响力，因此吸引消费者流量是淘宝店主的生存之本。

在国内的新媒体平台中，今日头条、百度、微信、QQ 与微博等平台都存在十分醒目和诱人的社交红利。尤其在移动互联网时代，消费者用在各种社交网络上的时间与日俱增，淘宝店铺若想要通过运营来进行店铺推广，则必须掌握新媒体这个巨大的流量入口。

淘宝头条作为一个消费者的社交工具，已经逐渐被淘宝商家重视起来。通过在头条软文中附上淘宝商品的链接，可以为店铺吸引更多的流量。

5. 通过网红宣传销售产品

在互联网时代，对于淘宝创业者来说，如果想瞬间打出店铺品牌，则需要学会利用网红的粉丝效应来进行产品营销的技巧。

网红一般都有多重身份，拥有大量的关注粉丝。例如，"中岛佳子"不但是淘宝达人，而且还拥有淘宝主播、淘女郎、闺蜜网美容达人、爱美网美容达人、美啦萌主、YOKA 时尚网美容达人、PC 太平洋论坛美容达人、明星衣橱达人、美晒网达人与自由撰稿人等多重身份，她就很善于利用搭配内容在各大女性网站上为自己的店铺导流。因此，通过与网红的商业合作，利用网红大量的粉丝资源，可以很好地完成产品和店铺的推广。

6. 打造自己的店铺品牌

知名品牌罗辑思维 IP 的创始人叫罗振宇，他具有多重身份，如脱口秀主持人、知识自媒体人与说书人等，他还有另外一个身份，就是天猫的卖书商家。

罗辑思维在天猫上开了一家旗舰店售卖独家版的书籍，同时还卖一些年货、茶叶以及礼盒等商品，价格比较适中。2016 年 1 月 12 日，罗振宇在"2016 天猫全球商家大会"中以卖家的身份出现，并创下了 10 天 100 万的超高销量。

品牌能够帮淘宝店主积累粉丝数量，从而提高产品销量。但淘宝店主该如何打造自己的品牌，罗辑思维总结了5点"心法"，即"用死磕自己唤醒尊重，用情感共鸣黏住消费者，用人格思维凝结社群，用势能思维建立品牌和用社群力量拓展边界"。这5点"心法"可以有效地帮助淘宝店主打造自己的品牌。在淘宝创业的风口中，淘宝店主要通过互联网内容树立个人品牌IP，吸引一批粉丝来实现最终的变现。

　　在淘宝创业的风口中，淘宝店主要通过互联网内容树立个人品牌IP，吸引一批粉丝来实现最终的变现。

用朋友圈把朋友"圈"进来

很多人鄙视微商,但是你根本逃不过微商,或者说,我们每个人都是微商。有人卖产品,有人卖服务,有人卖自己。都说微商的势头已经过去了,但微信朋友圈的营销并未停止。

不过,朋友圈营销的秘诀,你真的 get 到了吗?每天都在苦哈哈刷屏,却多日无人问津?朋友圈里频繁发广告,朋友不胜其烦,最终拉黑了你?几十年建立的人设,因为做微商这件事崩塌?

想做生意,先搞清楚你的产品是什么?很多人会说,是面膜啊,是减肥茶啊。错!微商的第一张名片就是你的朋友动态!微商的第一产品就是文案!

你朋友圈内的所有人,包括很多不认识你的人,对你的第一印象都来自你发的信息。一个初加你的朋友,十有八九会去翻看你的朋友圈动态,以此来初步判断你是个什么样性格的人?强势还是温柔?上进还是倦怠?乐观还是悲观?高冷还是热情?还有,你是个什么品位的人?是纵情山水田园,还是享受美酒咖啡?

可见,微信朋友圈是一个真正的社交场合,而微信文案就是你本人水平的展示。不管你是卖面膜的还是卖房子的,想在朋友圈宣传、销售任何产品,都需要用到文案。文案远胜于你用嘴去劝说,为什么这么说呢?因为对于你说的东西,别人听过也许就是耳旁风了;但是朋友圈的文字一直都在那里,会产生持续的影响力。

一、怎样用朋友圈把朋友"圈"进来

如今很多人的朋友圈好友已经不只是亲朋了,数据也表明,2016 年以后,平均每个微信消费者好友高达 200 人以上。这意味着大部分人都加了很多陌生人,微信好友中的"泛好友"越来越多。尤其是微商,过半以上都是陌生面孔。

那么，问题来了：打开朋友圈，全是广告，谁还会关心你卖的是什么？在菜市场一般的朋友圈里，怎样让你的产品脱颖而出呢？

1. 紧跟热点

如果你在一天之内发现你的朋友圈里出现了3遍以上同样一个或类似的内容，你一定要把它的前因后果搞清楚，因为这就是你的营销机会。

大家关心什么，你就发什么，准不会错。这跟公众号追热点是一样的，但新媒体的热点就那么几天，而一些大家耳熟能详的热词热物、年度网络流行语，持续的时间就长多了。我们要把自己的产品与热点事件联系在一起。

例：《爸爸去哪儿》热播时，某培训会写的朋友圈造势文案：

美业利润都去哪儿了？

竞争激烈生存艰难？频繁促销收效甚微？

××商学院《创客联盟大通关》绝对成交密训会，

营销专家为你规划全年业绩，打开全新的营销思维，

实现系统落地，把说的变成做的，把做的变成结果，把结果变成利润！

2. 语不惊人死不休

把文案中最炫最核心的一句放在第一句。微商文案的第一句，就相当于文案的标题，直接决定着别人是否有兴趣接着看第二句。

（1）直接质问，让他深思：

2017年只剩下一个月了，你年初时定的目标实现了吗？

再比如某培训会写的朋友圈造势文案：

有的月赚500万，有的苟延残喘。

美容机构为何冰火两重天？

没有成交，一切都是成本！

来××商学院《创客联盟大通关》绝对成交密训会，拓客、转化、升单、深挖！！！

营销专家现场定制步步为营锁定消费者流程,

让你跟着行业领头羊轻松赚钱!

(2)直接把目标人群喊过来:

生完孩子变"月半"的宝妈看过来!

那个谁,你今天的饮食达标了吗?

"那个谁"这句更狠,不明确叫谁,却容易让每个人都以为在叫自己,自然就会吸引更多目光。

例如某培训会写的朋友圈造势文案:

美业 Boss 看过来!

2017 年就剩下 1 个多月了,你年初时定下的目标完成了吗?

年底了,想不想给自己门店业绩再加一把火?

××商学院《创客联盟大通关》绝对成交密训会,

这一次,我们只为大单而来!

即学即用的销售战术,让你每月业绩轻松达 50 万~500 万!

(3)适当来点夸张:

我今天要累成狗了!

(4)模仿金句:

比如模仿红牛"你的能量超乎你想象",你可以写成:

你的体重超乎你想象!

3.违反常态博眼球

前文讲过,什么样的广告会在一大波信息中被注意到?其中一条就是与常见认知不符的,也就是违反常态、不可思议的。

例如某培训会写的朋友圈造势文案:

不可思议!

一年开出十多家直营店?

新店开业就吸引上百名会员?

这个奇迹的创造者,将亲自为你揭开美业大单的秘密!

来××商学院《创客联盟大通关》绝对成交密训会,现场聆听!

做年薪百万的超级卖手,你也可以!

4. 数字造势也吸睛

40天,从155斤肥妞到120斤美女!

例如某培训会写的朋友圈造势文案:

美容机构如何在2小时内完成2~4个月的业绩?

××商学院《创客联盟大通关》绝对成交密训会即将揭秘!

业绩不是做出来的,而是设计出来的!

营销策划导师为你现场讲解大单成交的玄机!

下一个百万年薪超级卖手,会是你吗?

二、微商文案如何提高转化率

对于任何一个微商来说,朋友圈文案的最终目的都在于产生订单、促成交易。如果辛辛苦苦更新,把自己都感动了,到头来还是没有订单,没有成交,那么,一切都变得毫无意义,你的努力只是做了无用功。因此,我们的每一则动态文案都需要有的放矢,让文案具备销售力。

1. 场景代入效果佳

没有场景就没有社交。在不同的情景下,要会说相应的话,让消费者在脑海中模拟使用产品时的情景。因此,如果你的产品广告带有使用场景的话,就很容易在该场景被应用。

可以学学六个核桃,它的广告语是"用脑时刻,多喝六个核桃"。产品的使用场景很明了,大家看后,偶尔会调侃"没事多喝点六个核桃"。当你写朋友圈文案的时候,也可以设计一个应用场景。如:

睡觉之前,来一杯××减肥茶。

除此之外,如果你能将文字视频和图片相结合,增强代入感,效果更佳!

2. 情感冲击博信任

今天接到妈妈的电话了,只问了我一句"女儿,最近还好吧",还有"没别的事了，你自己注意身体，别太累了。妈不打扰你了"。瞬间泪崩！才想起，为了忙工作，已经有半个多月没主动给妈妈打电话了。妈妈总是那个从来不会埋怨你，只会默默牵挂你的人。女儿不孝，没有太多时间陪您，就把这套××补血套装寄给您，表示一份孝心和歉意吧。××补血套装补气养血，专门针对各种更年期症状。愿妈妈喝了它，永远年轻健康！

如果你是卖女性更年期保健品的，写上这样一段文案，是不是比直接刷屏叫卖要漂亮许多？这段文案，首先是很多人日常生活的写照，也写出了很多忙于工作无暇陪伴父母的儿女的心声，让别人看后感觉你是一个积极上进、忙于工作的人，也是一个孝敬父母、内心细腻柔软的人，由此对你好感度倍增。从中巧妙地植入产品，也不显得十分突兀和令人反感。

3. 差异对比好卖货

如果你是卖包包的，大可以放出细节图，并配上文案，告诉别人，你的包包跟淘宝上售卖的包包，在材质上有什么区别，做工又有什么差异，五金配件怎么不一样。

如果你是代购化妆品的，你可以教别人如何鉴别真假进口化妆品，最好也是有图有真相。当然，如果你具备价格优势，也可以与同行进行对比。

俗话说："不怕不识货，就怕货比货。"朋友圈里那么多卖面膜的，那么多卖包包的，消费者也是眼花缭乱，因此你非常有必要明确地告诉消费者：你的产品就是比别人的好！

4. 利益刺激不过时

天下熙熙，皆为利来，天下攘攘，皆为利往。任何一个消费者，购买你的产品，都是为了获得一定好处。所以，我们应该用语言告诉消费者我们在卖什么，我们能为他们做什么，以及他们为什么要买。

而且这个好处要具体，不能虚无缥缈。因此你可以围绕自己的产品，挖掘出多个价值点,然后为每一个价值点撰写一篇能刺激消费者购买欲望的朋友圈文案,形成系列,这比一次性列举出一堆好处要更让人记忆深刻。

比如同一款产品,你可以做一个系列,分别从产品的以下几个方面进行剥离:外观优势——像一件艺术品,让你格调满满;便捷优势——7岁以上小孩都可以轻松上手;品牌优势——×××明星推荐的大牌;口碑优势——消费者证言,用了的都说好。

久而久之,这些主题鲜明的文案叠加后,就会产生很大的引爆力,让人看了无法拒绝,只能选择与你成交。并且,类似全新、省钱、绝招、秘籍、简单这样的词在文案中出现,更容易引起别人观看的兴趣。

5. 扭转拖延巧催单

消费者明明很喜欢,却说再考虑考虑。做销售的人,谁没有遇到过这种情况?怎么破解,才能让观望的消费者打消拖延的念头,快速下单呢?

往深里想,消费者为什么拖着不买呢?我问了很多消费者,他们有的说,看看再说很正常啊,谁会看一眼就定下来呢?还有的说,会被周围人影响,别人会说干吗那么着急呢?买东西要货比三家。

正所谓明日复明日,明日何其多!我们该做的是帮助消费者克服拖延症。这个时候,消费者需要有人给他一种紧迫感——现在立刻买下来才是最合适的。有一句话是这么说的:"种一棵树最好的时间是十年前,其次是现在。"

网上有一句流传甚广的房地产文案:"不要让今天的全款,变成了明天的首付。"这句文案是如此深入人心,如此有说服力。运用到我们的文案中,比如我们可以告诉消费者,现在入手这台电脑,晚上你就立马可以畅享打游戏一点也不卡的快感了;现在买下这件衣服,明天的晚会你就是万人瞩目的焦点了。早一天买,早一天享受,或者告诉他们,今天就是最好的时机,以后再也不会有如此合适的福利了,让消费者果断下单。

6. 增加承诺更管用

"紧迫感＋零风险"是一种非常有效的组合。因为消费者看到利益诱惑就在前方，现在不买怕错过，但又怕自己买了后悔，在"马上买"和"再等等"之间徘徊的时候，零风险承诺就给他吃了一记定心丸，确保他购买后，就算后悔了也没有任何损失。如影楼承诺，不满意不限次重拍；卖产品的承诺7天内无理由退款。这样做也体现了对自己产品和服务的高度自信。有了这个收尾，转化率疯涨不是梦。

三、朋友圈发广告怎样防止被屏蔽

前文就说过，消费者讨厌广告，而朋友圈广告就属于那种尤其被讨厌的类型，因为它与人们看朋友圈的目的相冲突，让人感觉被打扰。

朋友圈刚诞生的时候，是一个亲朋好友联络感情的温馨之地，如今却被商业搞得乌烟瘴气。当然，我们做营销的人，不能排斥这种做法，因为存在即合理，有人存在的地方就有生意。我们所能做的是如何把朋友圈广告发得不那么让人讨厌，甚至让大家期待看到你的动态。

1. 有血有肉，真我呈现

首先，朋友圈的特点是有朋友情谊性质，因此情感维系要做好。可以多发发自己的日常，可以秀恩爱、晒孩子、晒美食，但不能天天如此。因为前面说了，朋友圈能够展现你的品位。如果你的动态离不开一日三餐、柴米油盐，别人会认为你的格局也仅限于此。

也不要天天炫富，吃的是法国大餐，坐的是劳斯莱斯，偶然发一两次是品位，炫多了只会让人觉得你虚荣，或者赚了下游代理商的钱。

此外，别天天发那种别人不买面膜就会被老公抛弃之类的无脑文案了。第一个这样做的人是天才，现在这类文案已然泛滥成灾，人们见了都像躲避瘟疫一样，异常反感。文案必须三观正，不能表现出不买你的产品就诅咒人家的意思。要知道，很多时候人们喜欢在愉悦中成交，何况是面膜、包这样美好的东西，为什么不能让大家快乐地下单，买个好心情呢？你又不是卖药的，化妆品之类的东西本来就是锦上添花，夸奖她比否定她、吓唬她更让她乐意见到你。

几年前，微商野蛮生长，而现在微信朋友圈越来越回归正常社交。没有原则、没有底线的人必将被拉黑、屏蔽和淘汰。

2. 分组设置，精准推送

如今，微信好友已经从亲朋好友的熟人关系，扩展到同事、领导、客户等工作与服务的泛关系时代。这种情况下，信息冗余将迫使消费者对精准、定向分发有更强烈诉求。基于平台算法的定制化营销，以及个人发布时的对象分类管理，将变得更有意义和价值。

按性别分，按年龄分，按职业分，按家庭状况分……设置一下分组可见，找到产品的精准消费者，让不想看的人不受烦扰，让想看的人感觉如雪中送炭。

每次在写文案之前，分析好将要看到广告的消费者是什么样的群体，更喜欢什么样的表达方式？他们更喜欢浪漫唯美的词句，还是需要专业性的理性分享？这样我们对结果能够有一定程度的把控和预测。

3. 停止自嗨，紧密互动

如果朋友圈都是没有互动的自嗨，你还能持续多长时间？

朋友圈跟日常面对面交流是一样的道理，幽默风趣的人总是能吸引更多人的关注，也容易受到更多人的喜欢。所以，你不妨做一个朋友圈里的开心果，让人每次看到你的文案，都乐得合不拢嘴。

你可以自黑，可以讲段子，别人看乐了还会帮你分享，成交也会在笑声中达成，还能为你的文案创造一个互动的空间和条件。你可以求助，让别人帮忙；可以抛出一个话题，让别人讨论。这样的做法都可以增加互动性，让很久不联系的朋友活络起来，也增加了你文案的关注度。

4. 真诚相助，水到渠成

有人总结说，三等微商卖商品，二等微商卖情感，一等微商卖信仰。因此，如果你的朋友圈文案在售卖产品或服务之余，还能传递某种价值主张，你的消费者将不再只是偶尔购买你的产品，而是成为你的粉丝，崇拜你，追随你。

相反，如果微商为了赚快钱，无底线地故意夸大事实，一旦被消费者识破，将再无翻身机会。你是真诚关心，还是急功近利，消费者一看便知。真诚是人与人相处的一种智慧，不用刻意，发自内心就好。长久的真诚换来的是信任。

越是那种急吼吼地把赚钱的欲望暴露无遗的商家，消费者越不买账。反而那种潜移默化、心中有风景、有内涵、有正能量的人，更有磁场吸引他人，更能成为意见领袖，获得别人由衷的认可、尊敬与崇拜。微商更需要打造个人品牌，需要做一个有节操、有态度、有才能、有个性的"四有"微商。

怎样在众多 APP 中脱颖而出？

企业在 APP 上写软文，应该更注意使用专业词汇的方式，有时候抽象的概念性的东西，则需要通过举例子让更多的人理解。

要始终记得撰写的软文是给读者看的，这是软文写作的生命力。读者身份的不同和职业的区别，对软文的需求也会不一样，软文要对读者有价值。撰写一篇优秀软文的第一步，就是寻找消费者感兴趣的话题，可以搜索与消费者兴趣相关的资料进行整理并撰写，以消除读者之间的陌生感。

要保证写出来的软文能引起读者的兴趣，就需要根据读者的类型来设计文案的风格。在不同 APP 上根据不同的 APP 平台自身的定位不同，可以使用相对应的语言，如对年轻读者尽量采用当下较流行的语言。这样做的好处是可以缩短与目标人群的心理距离的，为软文创造更好的传播效应。

一、嵌入极具传播性无痕广告方式

其实，APP 软文植入和电影的广告植入是异曲同工的，下面是 APP 软文中四个比较实用的植入广告的方式。

1. 巧用举例方式代入

平面媒体 APP 平台上的软文常常会使用举例子的方式来进行软文中的广告植入，可以适当展开几十字，引用品牌实例作为讲解，具有一定的隐蔽性。这种以举例方式嵌入的软文常用于教程类软文和故事型软文中。

2. 假借和引用旁人语录

假借和引用旁人语录这种方式中，引用的语录不仅仅局限于名人或者权威人士讲过的话，还可以是某专家的研究报告或某网站的研究数据等。不过由于引用其数据的枯燥性,篇幅尽量不要太长。同样的,这种方式大多应用于平面媒体APP的软文中。

3.巧妙撰写揭秘故事

围绕要植入的广告来编故事,并且以此为关键线索展开故事,是撰写揭秘故事类APP软文的关键。

由于这种形式的APP软文隐蔽性不高,很容易就会被读者察觉,因此对于文笔和故事构思有着很高的要求。但如果运用得好,读者往往会被新颖的故事和流畅的文笔所吸引,从而一口气看完。这种形式常见于论坛APP上的营销软文。

例如,在知乎APP上有个叫"你见过什么样的手机盲"的话题,里面就运用举例的方式,对苹果手机进行了宣传。案例中通过回答见过什么样的"手机盲"开始,讲述了一对母子去买苹果手机的故事,故事中借用举例子的方式,多次借母子与店家的嘴巴说出产品名字,对产品进行了无痕的宣传。

注意,嵌入无痕广告的方式并不是将广告素材隐藏起来,因为如果这样的话,读者是很难发现其中隐藏的广告的,因此也就没有了效果。所以,在软文中嵌入无痕广告,只要让广告不显得突兀,合乎情理,就不会引起读者的反感。

二、文章中关键词出现的频率要高

在APP平台的软文操作中,关键词起着重要的作用,而关键词搜索是消费者通过网络平台进行搜索的最常用的方法。平台软文主题内容的表达是平台软文的重要组成部分,因此,通过合理地设置和排列关键词,可以有效提高APP软文的搜索排名,从而增加软文的阅读量。

企业要想更全面地深入软文的世界,就得依靠"关键词","关键词"是决定一篇软文是否成功的大功臣,只要关键词放置得当,就能为企业创造出一定的营销收益。

如何写好APP软文的关键词呢,这里需要明白以下三点:

1. 关键词的两层含义

在 APP 软文的世界里，关键词有两层含义。基于软文内容本身而言，指软文是否恰当地将所需要表达的商品信息点出来，是否能够起到正面描述与推广产品关键词的作用。

对于 APP 软文关键词来说，主要是针对网络上的软文文章。大家都在手机上用过百度、搜狗等搜索软件，也上过京东、淘宝以及当当等购物网站 APP，通过这些网站和平台的搜索，大家应该能够明白，当用关键词进行搜索定位时，我们往往会选择打开在搜索排行榜前列的推荐网站，尤其是第一、第二位的网站和平台。

2. 符合消费者搜索习惯

APP 软文营销的目的是让消费者消费，那么在设置关键词的时候要充分估计实际消费者的搜索习惯。所以可以在软文中列出几个可以作为核心的关键词，然后互换一下身份，思考当自己是消费者的时候会怎么选择关键词，从而使得关键词的设置能够更加符合真实的消费者搜索习惯。

3. 有竞争性的热词

在此，就不得不提及关键词的竞争程度了，下面就为大家介绍一下关于关键词竞争程度的判断。关于关键词竞争程度的判断问题，可从四个方面进行分析，分别是搜索次数、竞争对手的数量、竞价推广数量和竞价价格。这四个角度是在 APP 平台中判断关键词具有怎样的竞争程度的关键因素，影响到软文被搜索和被阅读转载的概率，因此有必要对其进行了解。

三、在成功案例中引入品牌营销

行业内口碑的重要性已经是众所皆知了，产品销售链的组成是人，在形成业内口碑的情况下，企业产品所获得的诸多支持、异口同声的称赞，能够产生极其强大的力量。所以在软文中，还是要对企业产品的先进性进行说明的。

有了口碑才有品牌。品牌是自媒体追求的目标，是自媒体能够获得商业融资进入高端市场的通行证和价值资本，有了品牌，自媒体在业内才会有地位。

所以在APP上的软文营销也是要注重品牌的，如何在软文中植入品牌，让品牌被消费者从接受到认同，让品牌的宣传更加深入人心呢？可以通过成功案例的效果对品牌进行宣传。

湖南卫视推出的《声临其境》获得了不错的反响，同时也带火了一批艺人，凯叔就是其中的一个受益者。由于他的成名，他旗下的品牌APP也是大火特火，获得了很多的投资与关注。

四、公益活动可以强化品牌营销

软文营销的重要媒介之一就是情感。在软文中如果有较大的情感针对性，就更容易通往人的心灵，走进消费者内心的情感世界。因此，在软文营销上，"情感营销"一直非常靠谱。

而利用公益事件就可以完美地落实这种"情感营销"的模式。公益这个词在人们心中所占的比例越来越重，也有越来越多的明星与企业从事公益活动。这些人或者企业，也许他们在参与公益事业时并没有太多的自身上的考虑，但往往通过媒体的报道宣传，对打出知名度方面有很大的好处。

因此，如果在APP软文中也能利用这种公益活动来进行宣传品牌的话，往往更容易深入人心。